Política de saúde no Brasil

EDITORA intersaberes

O selo DIALÓGICA da Editora InterSaberes faz referência às publicações que privilegiam uma linguagem na qual o autor dialoga com o leitor por meio de recursos textuais e visuais, o que torna o conteúdo muito mais dinâmico. São livros que criam um ambiente de interação com o leitor – seu universo cultural, social e de elaboração de conhecimentos –, possibilitando um real processo de interlocução para que a comunicação se efetive.

Política de saúde no Brasil

Ivana Maria Saes Busato
Raquel Ferraro Cubas

EDITORA intersaberes

Conselho editorial
Dr. Ivo José Both (presidente)
Drª Elena Godoy
Dr. Neri dos Santos
Dr. Ulf Gregor Baranow

Editora-chefe
Lindsay Azambuja

Gerente editorial
Ariadne Nunes Wenger

Preparação de originais
Jéssica Gomes de Gusmão da Silva

Edição de texto
Natasha Saboredo
Letra & Língua Ltda. – ME
Camila Rosa

Projeto gráfico
Laís Galvão

Capa
Charles L. da Silva (*design*)
chainarong06/Shutterstock (imagem)

Diagramação
Regiane Rosa

Equipe de *design*
Charles L. da Silva

Iconografia
Sandra Lopis da Silveira
Regina Claudia Cruz Prestes

Dados Internacionais de Catalogação na Publicação (CIP)
(Câmara Brasileira do Livro, SP, Brasil)

Busato, Ivana Maria Saes
  Política de saúde no Brasil/Ivana Maria Saes Busato, Raquel Ferraro Cubas. Curitiba: InterSaberes, 2020.

  Bibliografia.
  ISBN 978-65-5517-689-6

  1. Política de saúde – Brasil 2. Serviços de saúde – Administração – Brasil 3. Sistema Único de Saúde (Brasil) I. Cubas, Raquel Ferraro. II. Título.

20-37072   CDD-362.10981

Índices para catálogo sistemático:
1. Brasil: Política de saúde: Bem-estar social   362.10981

Cibele Maria Dias – Bibliotecária – CRB-8/9427

1ª edição, 2020.
Foi feito o depósito legal.

Informamos que é de inteira responsabilidade das autoras a emissão de conceitos.

Nenhuma parte desta publicação poderá ser reproduzida por qualquer meio ou forma sem a prévia autorização da Editora InterSaberes.

A violação dos direitos autorais é crime estabelecido na Lei n. 9.610/1998 e punido pelo art. 184 do Código Penal.

Rua Clara Vendramin, 58 ▪ Mossunguê ▪ CEP 81200-170 ▪ Curitiba ▪ PR ▪ Brasil
Fone: (41) 2106-4170 ▪ www.intersaberes.com ▪ editora@editoraintersaberes.com.br

Sumário

Apresentação | 11
Como aproveitar ao máximo este livro | 14

1. **A formulação de políticas de saúde e seu histórico no Brasil | 21**
   1.1 A contextualização histórica da política de saúde no Brasil | 23
   1.2 O sistema de saúde atual: avanços e desafios | 35

2. **A política de saúde e a Determinação Social da Saúde | 41**
   2.1 Conceitos de saúde e de doença | 43
   2.2 Processo saúde-doença: do mágico-religioso à história natural da doença | 47
   2.3 A Determinação Social da Saúde (DSS) | 51
   2.4 A saúde e os Objetivos de Desenvolvimento Sustentável (ODS) | 56

3. **Legislação, organização e funcionamento do Sistema Único de Saúde (SUS) | 65**
   3.1 Estabelecimento do SUS | 67
   3.2 Legislação e normas pertinentes ao SUS | 69
   3.3 Princípios do SUS | 72
   3.4 Participação popular e controle social na saúde | 75

4. **Territorialização, vigilância e planejamento em saúde | 85**
    4.1 Território, territorialidade e territorialização | 87
    4.2 Conceito de território vivo | 93
    4.3 Vigilância em saúde | 95
    4.4 Instrumentos de planejamento da política de saúde | 118

5. **A organização do Sistema Único de Saúde (SUS) e as Redes de Atenção à Saúde (RAS) | 129**
    5.1 Organização do SUS | 131
    5.2 O papel da atenção básica de saúde | 134
    5.3 A participação da média e da alta complexidade na organização do SUS | 143
    5.4 A construção das Redes de Atenção à Saúde (RAS) | 146

6. **Promoção da saúde | 169**
    6.1 Conceitos de prevenção de doenças e de promoção da saúde | 171
    6.2 Equidade em saúde | 175
    6.3 Promoção da saúde: um breve histórico | 175
    6.4 A promoção da saúde no Brasil | 179

Considerações finais | 193
Lista de siglas | 195
Referências | 199
Respostas | 219
Sobre as autoras | 225

Dedico esta obra aos meus filhos, Renata e Otávio, que suportaram meus 30 anos de dedicação à saúde pública; à minha mãe, que me incentivou a crescer; e ao meu marido Chico, meu alicerce na vida.

Ivana Maria Saes Busato

Dedico este trabalho à minha família. Ao meu filho Leandro, que está sempre pronto a me ouvir, além de me encorajar e contribuir com suas reflexões. À minha nora Daniela, que compartilha comigo os desafios da saúde. Ao meu esposo e companheiro de tantos anos, Carlos, pelo incentivo, compreensão e apoio em todos os momentos ao longo de uma vida dedicada à saúde pública.

Raquel Ferraro Cubas

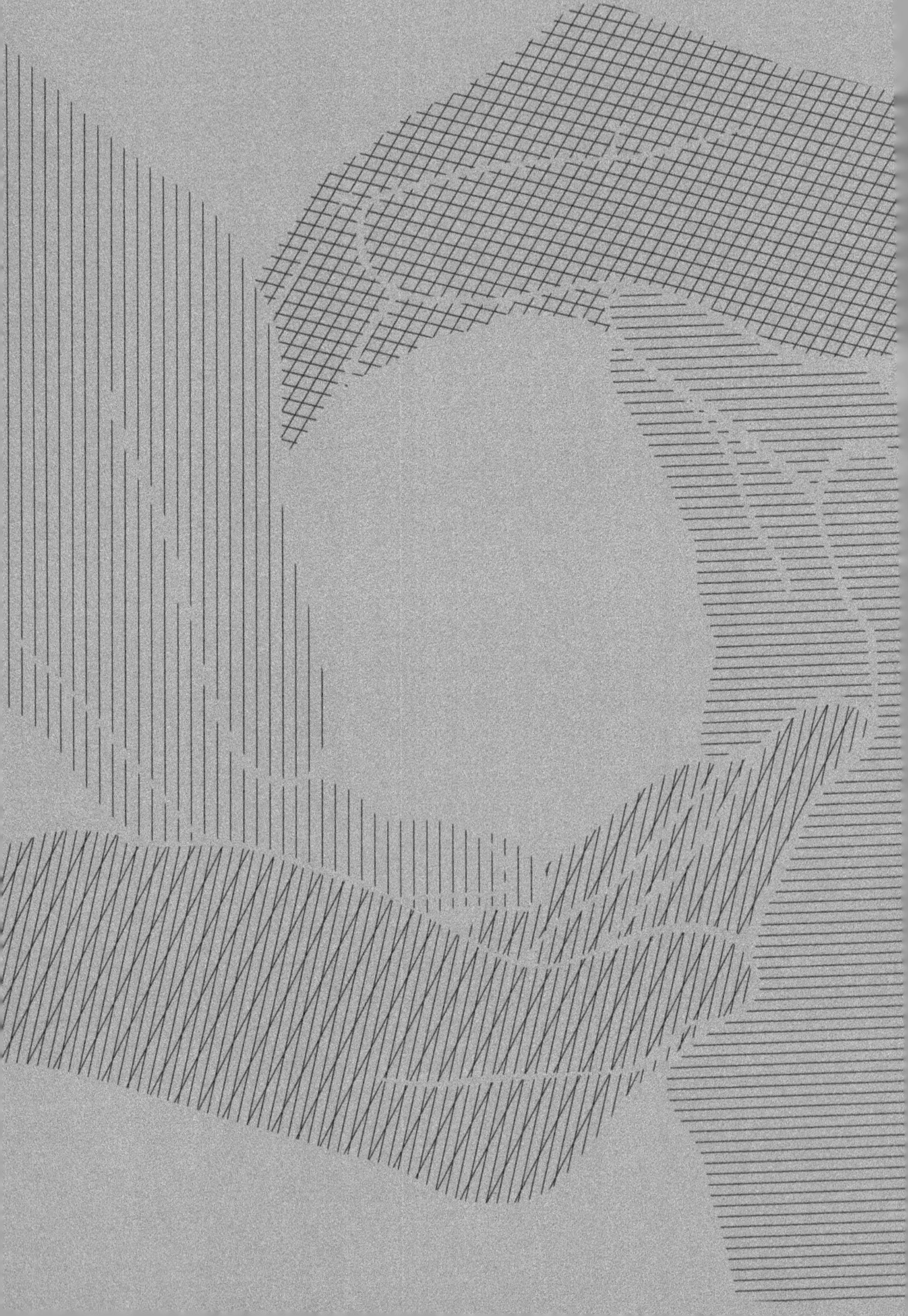

Agradeço aos usuários e profissionais do Sistema Único de Saúde de Curitiba, com os quais convivi durante 30 anos de profissão, por contribuírem para meu crescimento como cidadã.

Ivana Maria Saes Busato

Agradeço aos professores, gestores, usuários e trabalhadores com quem aprendi e aprendo todos os dias ao longo destes 25 anos de dedicação à saúde pública. Aos colegas e amigos da Secretaria Municipal da Saúde de Curitiba, tanto os do passado quanto os do presente, o meu reconhecido muito obrigada!

Raquel Ferraro Cubas

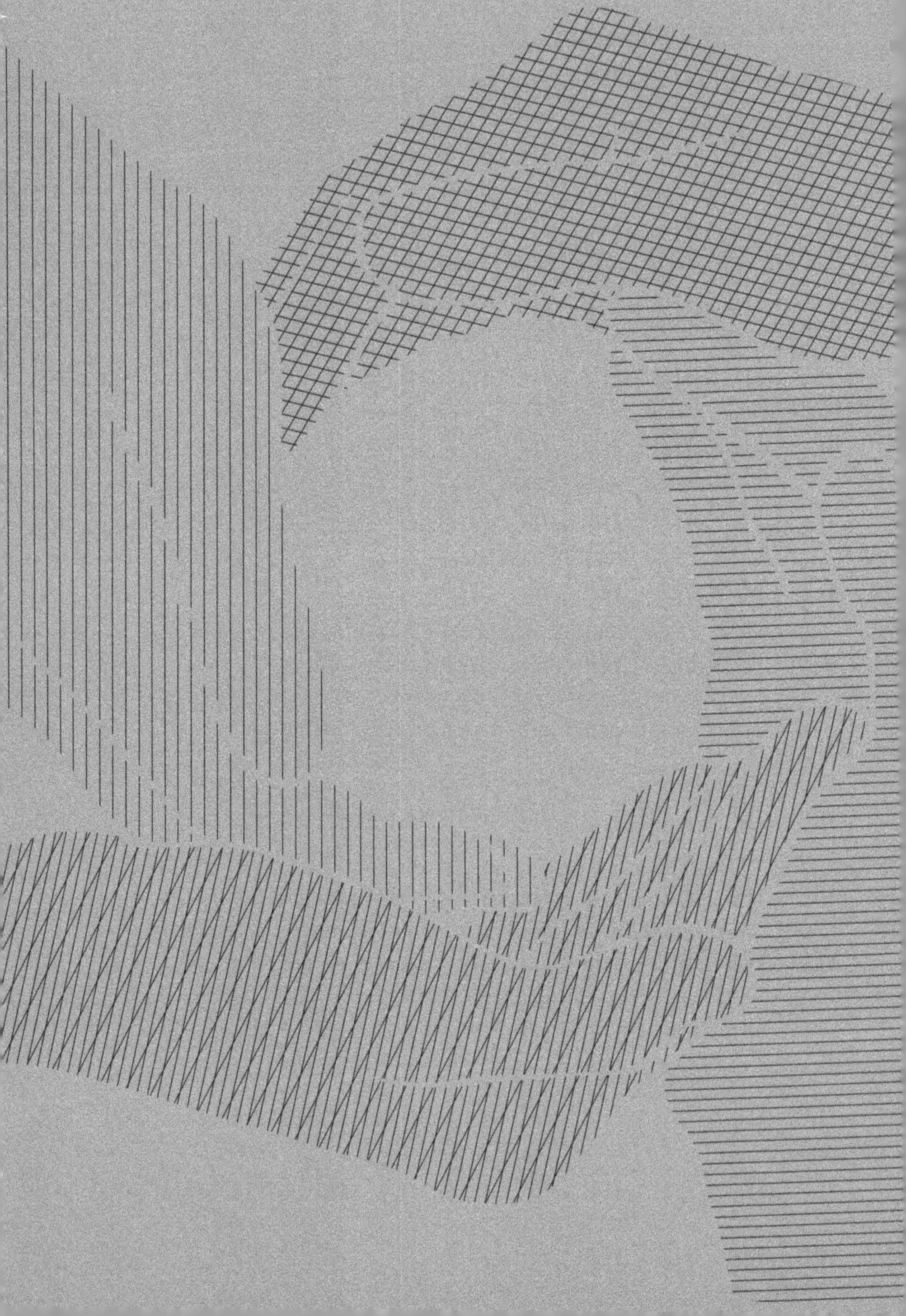

Apresentação

A política de saúde brasileira tem uma construção histórica marcada por conquistas e desafios que visam à garantia do direito à saúde. Os movimentos da sociedade e dos profissionais da área, a estruturação de suas bases legais e a organização da assistência nas três esferas de governo são elementos que devem ser estudados.

No Capítulo 1, apresentamos os marcos históricos da estruturação da política de saúde, didaticamente organizados conforme os períodos colonial, imperial, republicano e da Nova República, com destaque para a VIII Conferência Nacional de Saúde e suas repercussões.

No Capítulo 2, esclarecemos as definições de saúde e de doença e sua relação com os modelos explicativos. Também examinamos a Determinação Social da Saúde (DSS) para elucidar o conceito de saúde no que se refere à qualidade de vida, bem como analisamos os Objetivos de Desenvolvimento Sustentável (ODS), estabelecidos pela Organização das Nações Unidas (ONU), e sua correlação com a estratégia da Saúde em Todas as Políticas (SeTP).

No Capítulo 3, indicamos as bases legais da estruturação da política de saúde, com ênfase em suas Leis Orgânicas e na Constituição Brasileira de 1988. Destacamos, ainda, os princípios organizativos e doutrinários do Sistema Único de Saúde (SUS), que definem as proposições e as normas fundamentais norteadoras de sua composição, atenção e estruturação, bem como a organização do controle social e a participação da sociedade, um dos princípios do SUS.

No Capítulo 4, elucidamos os conceitos de território, de territorialidade e de territorialização para a organização da política de saúde. Abordamos os elementos de vigilância, necessários para conhecimento da situação de saúde de uma população adstrita, para planejamento e tomada de decisão, sob a perspectiva de território: vigilância epidemiológica, vigilância sanitária, vigilância ambiental e vigilância em saúde do trabalhador. Além disso, tratamos dos instrumentos de planejamento.

No Capítulo 5, explicamos os níveis de atenção (básica, média e alta complexidade), bem como a organização das Redes de Atenção à Saúde (RAS) no SUS, segundo os princípios de hierarquização, equidade e descentralização. Apresentamos, ainda, as redes prioritárias para o SUS: Rede Cegonha, Rede de Atenção às Urgências (RAU), Rede de Atenção Psicossocial (Raps), Rede de Cuidados à Pessoa com Deficiência (RCPD) e Rede de Atenção à Saúde das Pessoas com Doenças Crônicas (RASPDC).

Por fim, com base em um conceito mais amplo, analisamos, no Capítulo 6, a promoção da saúde, evidenciando as diferenças entre a definição desta e a de prevenção, comumente confundidas. Alguns marcos são observados, com destaque para as conferências internacionais e as temáticas tratadas em cada uma delas. Para encerrar o capítulo, contextualizamos o tema no cenário brasileiro, a partir da elaboração da Política Nacional de Promoção da Saúde (PNPS), instituída em 2006 e revisada e republicada no ano de 2015.

Procuramos reunir, neste livro, um pouco da história, dos conceitos e da organização da política de saúde, com destaque para o contexto brasileiro e o SUS. Esperamos que o material contribua para a compreensão da política e de sua importância para a vida de todos os cidadãos.

Bons estudos!

Como aproveitar ao máximo este livro

Empregamos nesta obra recursos que visam enriquecer seu aprendizado, facilitar a compreensão dos conteúdos e tornar a leitura mais dinâmica. Conheça a seguir cada uma dessas ferramentas e saiba como elas estão distribuídas no decorrer deste livro para bem aproveitá-las.

Conteúdos do capítulo

Logo na abertura do capítulo, relacionamos os conteúdos que nele serão abordados.

Após o estudo deste capítulo, você será capaz de:

Antes de iniciarmos nossa abordagem, listamos as habilidades trabalhadas no capítulo e os conhecimentos que você assimilará no decorrer do texto.

3.4.1 Ouvidoria

A ouvidoria é uma importante forma de participação popular. As ouvidorias do SUS permitem o diálogo entre a sociedade e as diferentes instâncias de gestão. Elas contribuem para a participação do cidadão na avaliação e na fiscalização da qualidade dos serviços de saúde.

Nas ouvidorias do SUS, a manifestação do cidadão pode apresentar-se pela busca de informações e orientações em saúde e também por meio de sugestões, elogios, solicitações, reclamações ou denúncias. Diante da necessidade apresentada pelo cidadão e das responsabilidades legais do gestor, as ouvidorias orientam, encaminham, acompanham a demanda e respondem ao cidadão sobre as providências adotadas (Brasil, 2014e).

> **Para saber mais**
>
> A Carta dos Direitos dos Usuários da Saúde assegura ao cidadão o direito básico ao ingresso digno nos sistemas de saúde públicos e privados. Acesse a íntegra do documento em:
> BRASIL. Ministério da Saúde. Conselho Nacional de Saúde. **Carta dos direitos dos usuários da saúde**. 3. ed. Brasília, 2011. Disponível em: <http://bvsms.saude.gov.br/bvs/publicacoes/cartas_direitos_usuarios_saude_3ed.pdf>. Acesso em: 6 jul. 2020.
> Para ampliar seu conhecimento sobre a legislação considerada fundamental para a implantação do SUS, acesse a Coleção Para Entender a Gestão do SUS:
> CONASS – Conselho Nacional de Secretários de Saúde. **Coleção Para Entender a Gestão do SUS**. Disponível em: <http://www.conass.org.br/biblioteca/>. Acesso em: 6 jul. 2020.

Para saber mais

Ao realizar estas atividades, você poderá rever os principais conceitos analisados. Ao final do livro, disponibilizamos as respostas às questões para a verificação de sua aprendizagem.

Preste atenção!

Apresentamos informações complementares a respeito do assunto que está sendo tratado.

> **Preste atenção!**
>
> Em março de 1986 ocorreu o evento político-sanitário mais importante da segunda metade do século passado, a VIII Conferência Nacional de Saúde, onde foram lançadas as bases doutrinárias de um novo sistema público de saúde. [...] O relatório final da conferência colocou três grandes referenciais para a reforma sanitária brasileira: um conceito amplo de saúde (que extrapola a visão meramente biologicista); a saúde como direito à cidadania e dever do Estado; e a instituição de um sistema único de saúde, organizado pelos princípios da universalidade, da integralidade, da descentralização e da participação da comunidade.
>
> Fonte: Brasil, 2006b, p. 24-25.

O relatório final da conferência também serviu de base para as discussões promovidas na Assembleia Nacional Constituinte, que aprovou, em 1988, a nova Constituição Federal (Brasil, 1988), na qual foi incluída, pela primeira vez, uma seção sobre saúde.

A Constituição de 1988, além de estabelecer a saúde como direito universal, apresenta um conceito mais amplo, de atenção concedida de forma integral (preventiva e curativa), além de contemplar a gestão participativa como importante inovação. Como demonstraremos no Capítulo 3, as Leis Orgânicas da Saúde, a Lei n. 8.080/1990 e a Lei n. 8.142, de 28 de dezembro de 1990 (Brasil, 1990b) são singularmente relevantes para o novo modelo.

> **Preste atenção!**
>
> De 1940 a 2015, a esperança de vida ao nascer para ambos os sexos passou de 45,5 anos para 75,5 anos, um aumento de 30 anos. No mesmo período, a taxa de mortalidade infantil caiu de 146,6 óbitos por mil nascidos vivos para 13,8 óbitos por mil, uma redução de 90,6%.
>
> Fonte: Agência IBGE Notícias, 2016.

O cuidado integral com a saúde implica, além do tratamento às pessoas doentes, ações de prevenção de doenças e de promoção da saúde. Esses conceitos são comumente confundidos ou erroneamente definidos como sinônimos.

A **prevenção de doenças** refere-se à busca para garantir que os sujeitos não sejam acometidos por nenhuma enfermidade, ou para que saiam dessa condição o quanto antes. Nessa perspectiva, o grande objetivo da prevenção é **evitar a doença** (Ávila; Pitombeira; Catrib, 2016). Com as ações preventivas pretende-se, portanto, evitar o surgimento de doenças específicas, em especial o controle da transmissão de doenças infecciosas e a redução do risco de doenças degenerativas (Czeresnia; Freitas, 2009).

De acordo com o Ministério da Saúde (Brasil, 2017d), uma importante medida para a prevenção de doenças é a **vacinação**, que pode evitar infecções por vírus ou bactérias. Ao se aplicar vacina em um grupo de pessoas, são beneficiados não apenas os que foram imunizados, mas também toda a comunidade daquela região, que tem menos chances de contrair a doença.

Exemplo prático

Pandemia do novo Coronavírus e as ações de prevenção

Em 31 de dezembro de 2019, o escritório da Organização Mundial da Saúde (OMS) foi informado sobre casos de pneumonia de etiologia desconhecida, detectados na cidade de Wuhan, na Província de Hubei, parte central da China. Em 12 de janeiro de 2020, a China divulgou a sequência genética de um novo Coronavírus (2019-nCoV), responsável por essas infecções.

O novo Coronavírus, que causa a covid-19, pode ser transmitido pelo toque do aperto de mão, pelas gotículas respiratórias, por tosses e espirros em curta distância ou pelo contato com objetos contaminados, semelhante a outros vírus respiratórios (Brasil, 2020d).

No início de 2020, ocorreram grandes surtos em diversos países, o que levou a OMS a declarar o estado de contaminação de covid-19 como pandemia no dia 11 de março do mesmo

Exemplo prático

Nesta seção, articulamos os tópicos em pauta a acontecimentos históricos, casos reais e situações do cotidiano a fim de que você perceba como os conhecimentos adquiridos são aplicados na prática e como podem auxiliar na compreensão da realidade.

Segundo Aguiar (2015, p. 18),

> eram frequentes neste período a hanseníase (na época conhecida como lepra), a tuberculose, a febre amarela, a cólera, a malária, a varíola, a leishmaniose, as doenças sexualmente transmissíveis, além de outras doenças provocadas por desnutrição, acidentes por animais peçonhentos e as decorrentes das aglomerações urbanas nas cidades e das condições precárias de trabalho nas lavouras. Muitas dessas doenças tornaram-se endêmicas e outras provocavam grandes epidemias que dizimavam enormes contingentes populacionais.

Havia escassez de ações na política pública de saúde no Brasil nas épocas colonial e imperial: as poucas que eram implantadas visavam proteger o comércio internacional e a produção econômica. Uma das primeiras ações foi o saneamento dos portos para garantir a compra e venda das mercadorias. Campanhas para enfrentar epidemias foram estabelecidas, além de condutas que objetivavam melhorar a insalubridade das grandes cidades (Salvador, Recife, Ouro Preto, Rio de Janeiro, Cuiabá e São Paulo), com urbanização e infraestrutura (Aguiar, 2015).

Importante!

Endemia pode ser conceituada como a ocorrência de um agravo dentro de um número esperado de casos para aquela região, naquele período de tempo, baseado na sua ocorrência em anos anteriores não epidêmicos. Desta forma, a incidência de uma doença endêmica é relativamente constante. [...]

Epidemia representa a ocorrência de um agravo acima da média (ou mediana) histórica de sua ocorrência. O agravo causador de uma epidemia tem geralmente aparecimento súbito e se propaga por determinado período de tempo em determinada área geográfica, acometendo frequentemente elevado número de pessoas. [...]

Importante!

Algumas das informações centrais para a compreensão da obra aparecem nesta seção. Aproveite para refletir sobre os conteúdos apresentados.

1.1.3 A Nova República

No final da década de 1980, já não havia mais a exigência da Carteira de Segurado do Inamps para atendimento nos hospitais próprios e conveniados da rede pública. Esse órgão adotou uma série de medidas que caminhavam para a cobertura universal de clientela. Tal processo levou à instituição do Sistema Unificado e Descentralizado de Saúde (SUDS). Foi um período marcante, pois, pela primeira vez, o Governo Federal começou a repassar recursos para estados e municípios ampliarem suas redes de serviços e a colocar em prática a garantia do direito à saúde da população – um dos principais ideais discutidos na VIII Conferência Nacional de Saúde, que abordaremos na próxima seção (Reis; Araújo; Cecílio, 2011).

Curiosidade

O Inamps foi extinto pela Lei n. 8.689, de 27 de julho de 1993 (Brasil, 1993a), quase três anos após a criação do Sistema Único de Saúde (SUS) pela Lei n. 8.080, de 19 de setembro de 1990 (Brasil, 1990a).

A VIII Conferência Nacional de Saúde

Ainda na década de 1970, houve uma mobilização social em defesa da saúde, a qual se convencionou chamar de **Movimento da Reforma Sanitária Brasileira (MRSB)**. Esse movimento inseria-se na luta contra o regime militar vigente no Brasil, além de preconizar um novo modelo assistencial, que destacava a importância da assistência primária à saúde. Um dos resultados mais expressivos do MRSB foi a realização da VIII Conferência Nacional de Saúde, que ocorreu em março de 1986 e reuniu em Brasília mais de cinco mil participantes, representantes de parte das forças políticas e sociais que lutavam por uma reforma efetiva na política de saúde do país (Albuquerque, 2015; Reis; Araújo; Cecílio, 2011).

Curiosidade

Nestes boxes, apresentamos informações complementares e interessantes relacionadas aos assuntos expostos no capítulo.

Síntese

Ao final de cada capítulo, relacionamos as principais informações nele abordadas a fim de que você avalie as conclusões a que chegou, confirmando-as ou redefinindo-as.

Síntese

Neste capítulo, introduzimos as bases históricas das políticas de saúde do país. Desde o Brasil Colônia até os dias atuais, observamos alguns momentos importantes, como a Revolta da Vacina, em 1904; a criação da Previdência Social pela Lei Eloy Chaves, em 1923; e a criação do Ministério da Saúde, em 1953. Demonstramos, também, como ocorreu o Movimento da Reforma Sanitária, que culminou na VIII Conferência Nacional de Saúde, ocorrida em 1986, cujo relatório final serviu como base para a criação do Sistema Único de Saúde (SUS). Por fim, apresentamos o sistema de saúde atual, bem como alguns avanços e desafios.

Questões para revisão

1. A VIII Conferência Nacional de Saúde, ocorrida em 1986, foi um marco para a saúde do Brasil. O relatório final dessa conferência definiu três grandes referenciais para a reforma sanitária brasileira. Quais são eles?

2. O Sistema Único de Saúde (SUS) desenvolve ações que cobrem indistintamente todos os brasileiros. Cite exemplos.

3. Assinale a alternativa que apresenta fatos e/ou características da saúde nos períodos colonial e imperial:

    a) Em oposição à obrigatoriedade da vacinação contra a varíola, ocorreu um movimento conhecido como Revolta da Vacina.
    b) Um fato importante foi a criação das primeiras escolas de medicina e do Ministério da Saúde.
    c) O período foi marcado por epidemias, entre elas a de varíola e a de febre amarela.
    d) As políticas adotadas controlaram as doenças transmissíveis, tornando o país uma referência.

Questões para revisão

1. Os conceitos de território, territorialidade e territorialização são importantes para a atuação da política de saúde. Diferencie-os.
2. Quando uma doença desconhecida se torna uma pandemia, qual o papel da vigilância em saúde?
3. Analise as afirmações a seguir sobre o território vivo:
   I) O território vivo compreende a construção histórica de um território, onde a população realiza a territorialidade com as modificações realizadas pelo homem.
   PORQUE
   II) O território vivo tem relevância para o estudo geográfico de uma nação.
   Agora, assinale a alternativa correta:
   a) As duas afirmativas estão incorretas.
   b) A afirmativa I está correta, e a afirmativa II, incorreta.
   c) As afirmativas estão corretas, e a afirmativa II explica a afirmativa I.
   d) A afirmativa II está correta, mas a afirmativa I está incorreta.
4. A vigilância em saúde é composta por quatro esferas, as quais trabalham sinergicamente para analisar a situação de saúde de uma população em um território. Tendo em vista essa afirmação, analise as assertivas a seguir:
   I) A vigilância epidemiológica estuda as doenças, os agravos e os eventos que impactam a situação de saúde das populações, a fim de estabelecer ações de prevenção e promoção da saúde.
   II) A vigilância sanitária está presente somente nos municípios brasileiros.
   III) A vigilância de saúde do trabalhador é organizada em Renast e Cerest.
   IV) A vigilância ambiental tem como foco as questões que envolvem a qualidade da água de consumo humano.

Questões para revisão

Ao realizar estas atividades, você poderá rever os principais conceitos analisados. Ao final do livro, disponibilizamos as respostas às questões para a verificação de sua aprendizagem.

( ) Objetiva garantir a continuidade do cuidado nos níveis primário, ambulatorial, especializado e hospitalar e realizar ações de promoção da saúde, de vigilância em saúde, de controle de vetores e de educação sanitária.

Agora, assinale a alternativa que apresenta a sequência correta:

a) I, IV, III, II.
b) I, III, II, IV.
c) II, III, IV, I.
d) II, IV, III, I.

Questões para reflexão

1. Tendo em vista o conteúdo apresentado neste capítulo, reflita sobre o que a atual situação de saúde tem em comum com os períodos colonial, imperial, republicano e da Nova República.
2. O direito à assistência à saúde, desenvolvido pelo Instituto Nacional de Assistência Médica da Previdência Social (Inamps) na década de 1970, era destinado ao trabalhador formal, aquele com "carteira assinada", e seus dependentes. Quais consequências esse modelo poderia trazer à sociedade brasileira se permanecesse até os dias atuais?
3. Entreviste uma pessoa com 60 anos ou mais e pergunte o que ela sabe sobre a saúde na época do Instituto Nacional de Previdência Social (INPS) e do Instituto Nacional de Assistência Médica da Previdência Social (Inamps).

Questões para reflexão

Ao propor estas questões, pretendemos estimular sua reflexão crítica sobre temas que ampliam a discussão dos conteúdos tratados no capítulo, contemplando ideias e experiências que podem ser compartilhadas com seus pares.

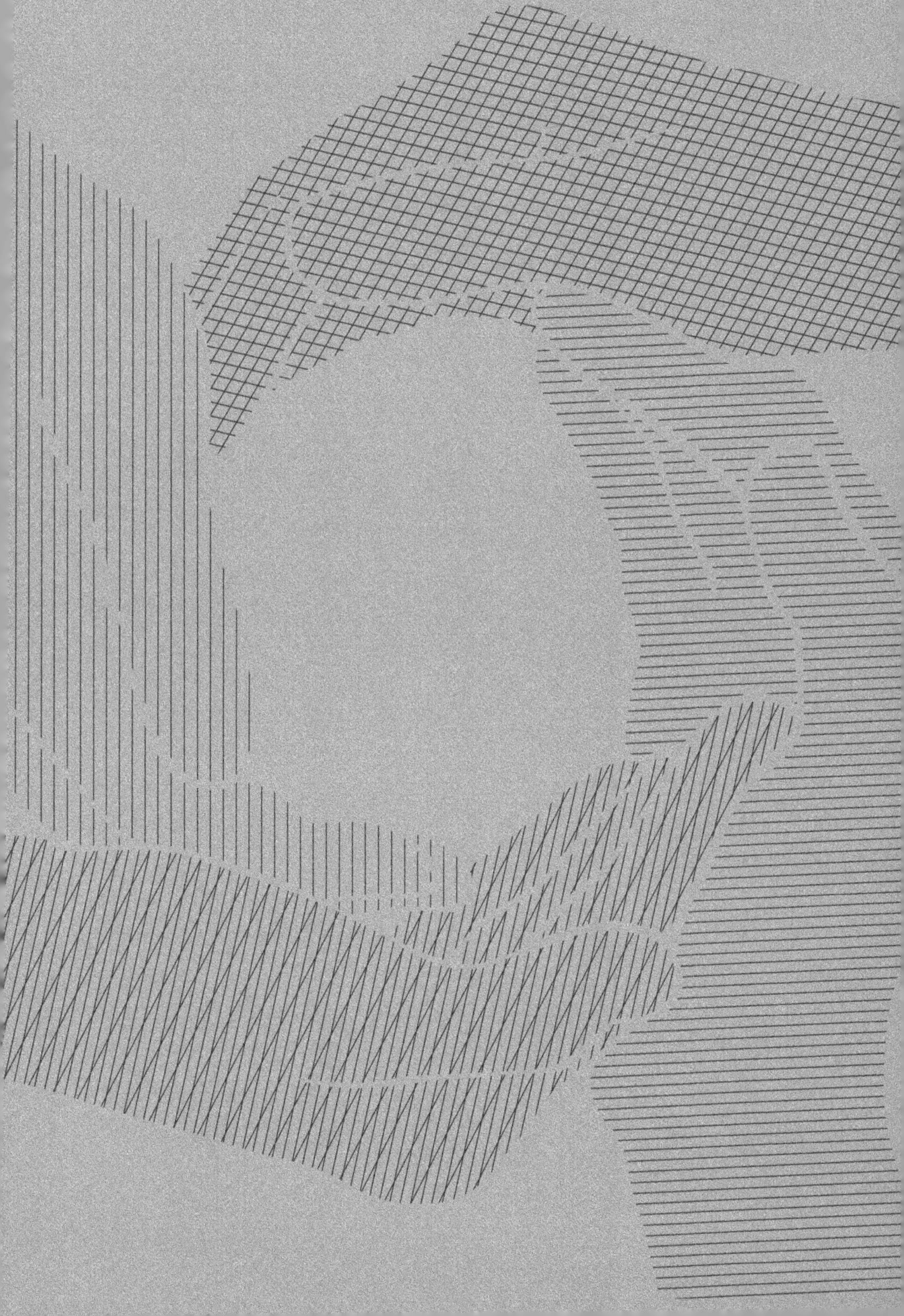

Raquel Ferraro Cubas

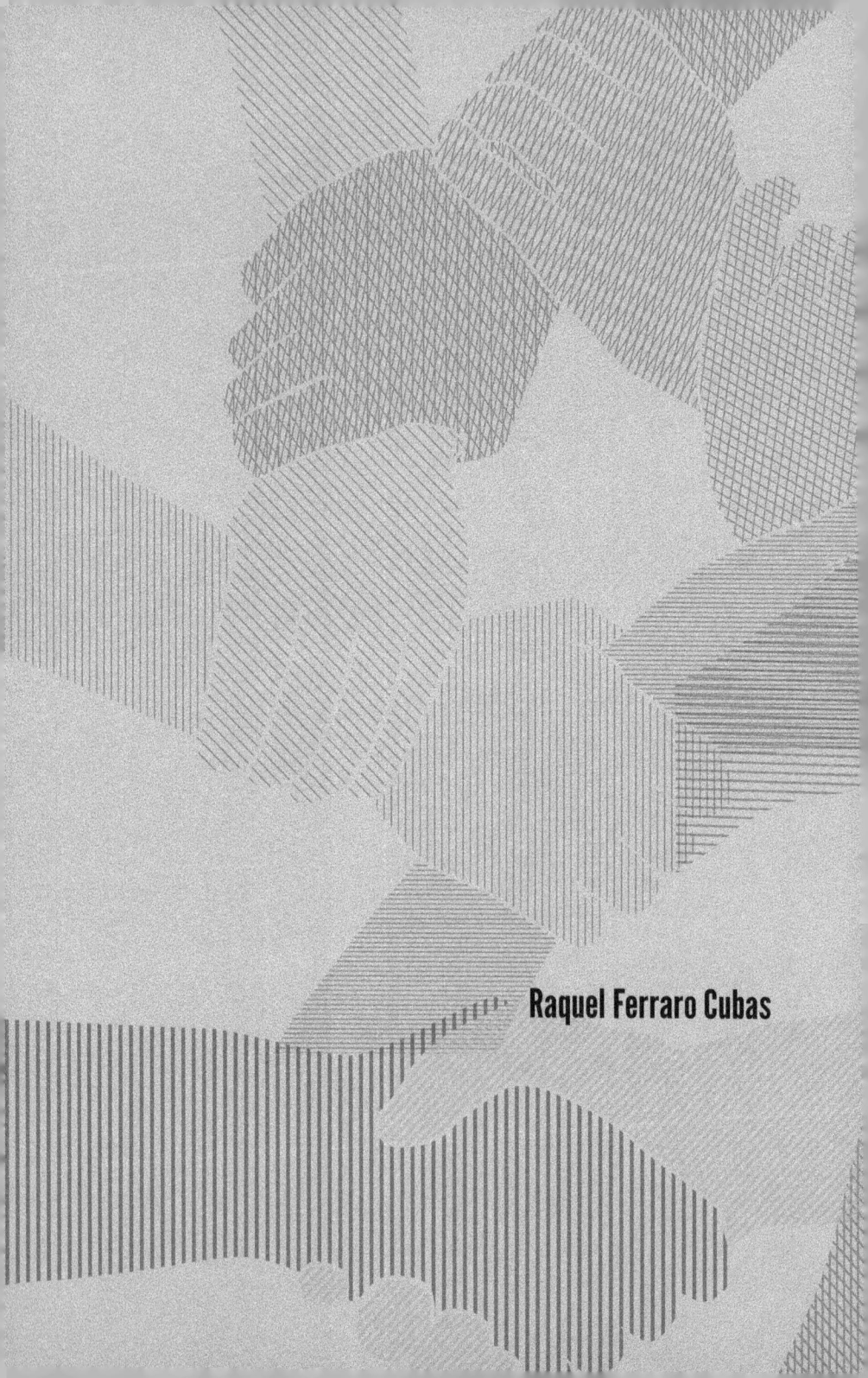

CAPÍTULO 1

A formulação de políticas de saúde e seu histórico no Brasil

Conteúdos do capítulo

- Contexto da saúde em cada período da história do Brasil.
- A Revolta da Vacina.
- Lei Eloy Chaves.
- Criação do Instituto Nacional de Previdência Social e do Instituto Nacional de Assistência Médica da Previdência Social.
- VIII Conferência Nacional de Saúde.
- Avanços e desafios do sistema de saúde atual.

Após o estudo deste capítulo, você será capaz de:

1. descrever a evolução histórica das políticas de saúde no Brasil;
2. caracterizar o atual sistema de saúde brasileiro, seus avanços e desafios;
3. explicar a importância da VIII Conferência Nacional de Saúde para formulação da política de saúde brasileira;
4. identificar o processo histórico de uma nação como oportunidade para compreender a própria identidade;
5. situar, em uma linha do tempo, os episódios que levaram à criação das bases para a construção do Sistema Único de Saúde.

1.1 A contextualização histórica da política de saúde no Brasil

Diversos fatos e temas interpõem-se na história da saúde no país, desde o Brasil Colônia até o sistema atual. Para fins didáticos, dividimos o histórico das políticas públicas em: períodos colonial e imperial, tendo como ponto de partida a colonização após o descobrimento, em 1500; período republicano, que se inicia com a Proclamação da República, em 1889; e Nova República, que vai de 1985 até os dias atuais.

1.1.1 A saúde nos períodos colonial e imperial

Nos primeiros tempos de colonização do Brasil, acreditava-se que a doença era uma advertência ou um castigo de Deus. Na época, praticamente não havia médicos. Curandeiras e benzedeiras fabricavam remédios utilizando plantas, minerais e animais, além de se servirem de ervas mágicas, orações, benzimentos e adivinhações para afastar entidades malévolas e, assim, curar os males. Com isso, recebiam a estima e o respeito do povo. Talismãs, amuletos, fetiches e cerimônias indígenas também eram utilizados com esse fim (Rouquayrol; Silva, 2013).

A medicina praticada na Europa era quase inexistente no Brasil Colônia. Não havia hospitais, a não ser as enfermarias mantidas pelos jesuítas e as Santas Casas de Misericórdia. Estas, quase tão antigas quanto o país, chegaram aqui em 1539 e desempenharam um papel importante no atendimento aos enfermos dos navios e aos colonos.

A vinda da Família Real de Portugal, em 1808, com Dom João VI e toda a corte portuguesa, foi determinante para imprimir mudanças na saúde. Uma das primeiras ações concretas foi a inauguração de faculdades de medicina: primeiro em Salvador e depois no Rio de Janeiro. Essas faculdades foram essenciais para o avanço da medicina no Brasil Império (Rouquayrol; Silva, 2013).

Em 1829, foi criada a Academia Imperial de Medicina, com a finalidade de servir como órgão consultor nas questões de saúde do país. No mesmo período, foi também criada a Junta de Higiene Pública, que não conseguiu efetivamente desempenhar um papel relevante no cuidado à população. Epidemias de varíola, febre amarela e cólera assolavam o Brasil, em especial o Rio de Janeiro, capital do Império (Bertolli Filho, 2011).

Uma das primeiras ações de saúde pública no período imperial foi a instituição da Inspetoria de Saúde dos Portos, em 1828, que tinha como objetivo o controle de passageiros enfermos das embarcações como medida sanitária na propagação de doenças nas cidades portuárias brasileiras. Na ocorrência de suspeita de enfermidade na embarcação, imediatamente era estabelecida quarentena, no Rio de Janeiro, em uma ilha próxima à Baía de Guanabara (Bertolli Filho, 2011).

Em 1849, uma forte epidemia de febre amarela matou mais de quatro mil pessoas no Rio de Janeiro, além de provocar a reorganização da higiene pública no país. Em setembro de 1851, a Junta de Higiene Pública foi transformada em Junta Central de Higiene Pública, com o objetivo de controlar o exercício da medicina e inspecionar alimentos, farmácias, açougues etc.

O Brasil, nessa época, foi marcado por diversas doenças transmissíveis, importadas inicialmente por colonos portugueses e, posteriormente, por estrangeiros que aqui chegavam para fins comerciais ou de imigração. Os escravos trazidos da África, em péssimas condições nos navios, chegavam debilitados ao país. Depois, ao enfrentarem os baixos padrões socioeconômicos, eram infectados por diversas outras enfermidades, sendo a tuberculose a mais comum. A tuberculose, nesse período, chamou a atenção das autoridades públicas, mas nenhuma ação concreta foi tomada para evitar sua disseminação. Até o final do século XIX, as Santas Casas de Misericórdia foram os únicos refúgios para os doentes (Rouquayrol; Silva, 2013).

Segundo Aguiar (2015, p. 18),

> Eram frequentes neste período a hanseníase (na época conhecida como lepra), a tuberculose, a febre amarela, a cólera, a malária, a varíola, a leishmaniose, as doenças sexualmente transmissíveis, além de outras doenças provocadas por desnutrição, acidentes por animais peçonhentos e as decorrentes das aglomerações urbanas nas cidades e das condições precárias de trabalho nas lavouras. Muitas dessas doenças tornaram-se endêmicas e outras provocavam grandes epidemias que dizimavam enormes contingentes populacionais.

Havia escassez de ações na política pública de saúde no Brasil nas épocas colonial e imperial: as poucas que eram implantadas visavam proteger o comércio internacional e a produção econômica. Uma das primeiras ações foi o saneamento dos portos para garantir a compra e venda das mercadorias. Campanhas para enfrentar epidemias foram estabelecidas, além de condutas que objetivavam melhorar a insalubridade das grandes cidades (Salvador, Recife, Ouro Preto, Rio de Janeiro, Cuiabá e São Paulo), com urbanização e infraestrutura (Aguiar, 2015).

Importante!

Endemia pode ser conceituada como a ocorrência de um agravo dentro de um número esperado de casos para aquela região, naquele período de tempo, baseado na sua ocorrência em anos anteriores não epidêmicos. Desta forma, a incidência de uma doença endêmica é relativamente constante. [...]

[...]

Epidemia representa a ocorrência de um agravo acima da média (ou mediana) histórica de sua ocorrência. O agravo causador de uma epidemia tem geralmente aparecimento súbito e se propaga por determinado período de tempo em determinada área geográfica, acometendo frequentemente elevado número de pessoas. [...]

O primeiro passo para se definir uma condição como epidêmica ou endêmica é estabelecer quais seriam os níveis habituais de ocorrência dessa doença ou condição de saúde na população de determinada área naquele período de tempo.

Fonte: Moura; Rocha, 2012, p. 15, grifo nosso.

Apesar das iniciativas, a fase imperial da história brasileira encerrou-se sem que o Estado solucionasse os graves problemas de saúde da coletividade, com o Brasil mantendo a fama de ser um dos países mais insalubres do planeta. Os viajantes europeus eram comumente aconselhados a evitar visitas aos portos nacionais (Bertolli Filho, 2011).

Alguns fatos importantes para a saúde do Brasil nos períodos colonial e imperial

- **1808** – Fundação das Escolas de Medicina do Rio de Janeiro e Salvador.
- **1828** – Organização da Inspetoria de Saúde dos Portos.
- **1829** – Criação da Imperial Academia de Medicina, órgão consultivo do imperador para questões de saúde pública.
- **1829** – Criação da Junta de Higiene Pública.
- **1849** – Epidemia de febre amarela.
- **1851** – A Junta de Higiene Pública foi transformada em Junta Central de Higiene Pública.

Curiosidade

No século XIX não se conhecia a etiologia das doenças infecciosas. Acreditava-se que essas doenças eram causadas por "miasmas" (vapores, eflúvios, venenos) que se desprendiam dos solos, pântanos, esgotos e lixos originados da matéria orgânica em decomposição ou dos dejetos de pessoas doentes.

Como precaução, os médicos recomendavam aos mais ricos que se afastassem da Corte nos períodos de crise sanitária e procurassem refúgio nas cidades serranas, especialmente em Petrópolis. Também convocavam a milícia a disparar periodicamente tiros de canhão, para, segundo diziam, movimentar o ar e afastar os perigosos "miasmas" estacionados sobre as cidades.

Fonte: Elaborado com base em Rouquayrol; Silva, 2013; Bertolli Filho, 2011.

Para saber mais

Acesse o *Guia de vigilância em saúde*, produzido pelo Ministério da Saúde, para conhecer as doenças e os agravos de importância para a saúde pública.

BRASIL. Ministério da Saúde. Secretaria de Vigilância em Saúde. Coordenação-Geral de Desenvolvimento da Epidemiologia em Serviços. **Guia de vigilância em saúde**: volume único. 2. ed. Brasília, 2017. Disponível em: <http://portalarquivos.saude.gov.br/images/pdf/2017/outubro/06/Volume-Unico-2017.pdf>. Acesso em: 6 jul. 2020.

1.1.2 A saúde no período republicano

No início do século XX, a situação de saúde da população apresentava o mesmo panorama do período anterior, com epidemias e predomínio de doenças como cólera, febre amarela, malária, tuberculose, tifo, peste, varíola e gripe espanhola. Várias transformações ocorreram no setor de saúde brasileiro nessa época, como o início do combate efetivo à febre amarela, com Oswaldo Cruz (1872-1917) no Rio de Janeiro e Emílio Ribas (1862-1925) em São Paulo.

O Governo Federal conseguiu conter o avanço da febre amarela, da varíola e da febre tifoide. A tuberculose, apesar de reconhecida como uma das doenças de maior mortalidade, não foi contemplada. Por iniciativa de médicos, foram criadas ligas de combate à tuberculose em diversos estados, tendo surgido em 1900 a Liga Brasileira contra a Tuberculose. No Brasil, as ligas conseguiram uma interação com o Estado e mostraram as causas sociais do problema e a necessidade de intervenção das autoridades (Rouquayrol; Silva, 2013).

Também nesse período, as capitais e as maiores cidades passaram por transformações urbanísticas e sanitárias, que surtiram efeito positivo na higiene pública, diminuindo em escala nacional os índices de mortalidade e de morbidade por doenças que vitimaram as populações urbanas por séculos. Essas mudanças, no entanto, beneficiaram mais as elites econômicas, que receberam, nos bairros onde moravam, água encanada, esgotos subterrâneos e luz elétrica. As camadas mais pobres da população, ao contrário, permaneciam em condições precárias, viviam em cortiços e eram as maiores vítimas de enfermidades que se tornavam raras entre os grupos mais abastados (Bertolli Filho, 2011). Nesse contexto, em 1903, "Oswaldo Cruz é nomeado [...] Diretor Geral de Saúde Pública, deflagrando campanhas de saneamento no Rio de Janeiro. Sua missão era realizar a reforma sanitária na capital, combatendo principalmente a febre amarela, a peste bubônica e a varíola" (Fiocruz, 2020a).

Um importante marco para a saúde do Brasil foi a Revolta da Vacina, que ocorreu no Rio de Janeiro, em 1904, em oposição à obrigatoriedade da vacinação em massa contra a varíola. Além do desconhecimento sobre a composição e a qualidade do material empregado na imunização, muitos não concordavam com o fato de as moças terem de levantar a manga da blusa diante de um estranho para aplicação da vacina. No entanto, apesar do clamor popular e das tentativas de grupos políticos de oposição tentarem obstruir as discussões parlamentares, em 31 de outubro daquele mesmo ano o Congresso Nacional aprovou a lei que estabelecia a obrigatoriedade da vacina.

A agitação nas ruas ganhou intensidade ainda maior. Confrontos entre populares e policiais deram início à revolta, e o conflito se espalhou por todo o Rio de Janeiro, causando várias mortes. Posteriormente, com a prisão dos líderes populares e a revogação da obrigatoriedade pelo governo, o movimento chegou ao fim, e a vacinação tornou-se opcional para todos os cidadãos. Algum tempo depois, com a aceitação da medida por parte da população, a epidemia de varíola foi controlada. Esses acontecimentos exigiram do Estado e da medicina uma busca por outras formas de relacionamento com a sociedade. Nos anos seguintes, novas formas de organização das ações em favor da saúde coletiva foram testadas (Bertolli Filho, 2011).

Preste atenção!

A **varíola** é uma doença viral, exclusiva de humanos. Desde seu último caso registrado, em 26 de outubro de 1977, na Somália, encontra-se erradicada no mundo. [...]
É considerada uma das mais sérias de todas as doenças infecciosas, matando de 25% a 30% das pessoas infectadas não imunizadas. Em 1980, após o fim de sua circulação viral, a vacinação foi interrompida, exceto em trabalhadores de laboratório que manipulavam o agente em pesquisas. Oficialmente, apenas dois laboratórios conservam estoques do vírus: um nos Estados Unidos da América e outro na Rússia.

Fonte: Brasil, 2005, p. 768, grifo nosso.

Em 1920, Carlos Chagas (1879-1934) assumiu o Comando do Departamento Nacional de Saúde e modificou o modelo de ação estabelecido por Oswaldo Cruz, introduzindo a propaganda e a educação sanitária para a população como forma de prevenção das doenças. Além disso, criou órgãos específicos para a luta contra a tuberculose, a lepra e as doenças sexualmente transmissíveis.
Com o controle das epidemias nas grandes cidades, a ação do governo deslocou-se para o campo, visando às endemias rurais. A Superintendência de Campanhas (Sucam) desenvolveu quatro programas de controle de doenças, voltados à doença de Chagas, à malária, à esquistossomose e à febre amarela, e criou ações contra a filariose, o tracoma, a peste, o bócio endêmico e a leishmaniose.
Em 1923, a **Lei Eloy Chaves** criou o sistema de Caixas de Aposentadorias e Pensão (CAP), marco no surgimento da Previdência Social no

Brasil (Rouquayrol; Silva, 2013). A primeira CAP criada foi a dos ferroviários, posteriormente estendida a marítimos, portuários e outros. Entre as prestações oferecidas aos segurados constavam, além das de natureza previdenciária, a assistência médica e o fornecimento de medicamento.

A situação, no entanto, era difícil para o operário que não tinha carteira de trabalho e, por isso, não contribuía para a caixa de sua categoria profissional. Segundo Aguiar (2015, p. 25), "a população de maior poder aquisitivo utilizava os serviços privados de saúde, enquanto a população não vinculada à previdência contava apenas com os escassos serviços públicos, das instituições de caridade e das práticas populares de tratamento". Sem dinheiro para pagar pelos serviços de saúde, esse trabalhador recebia o triste rótulo de *indigente* (Bertolli Filho, 2011).

Em substituição ao sistema fragmentário das CAP, a partir de 1933 surgiram os Institutos de Aposentadoria e Pensões (IAP), entidades de grande porte organizadas por categoria profissional (marítimos, comerciários e bancários), e não por empresas. Essa nova organização deu origem a diversos institutos, bem como a disparidades de atuação e de benefícios concedidos aos associados. Alguns desses institutos foram: o Instituto de Aposentadorias e Pensões dos Estivadores e Transportes de Cargas (Iaptec); o Instituto de Aposentadorias e Pensões dos Comerciários (IAPC); o Instituto de Aposentadoria e Pensões dos Industriários (Iapi); o Instituto de Aposentadoria e Pensões dos Bancários (IAPB); o Instituto de Aposentadorias e Pensões dos Marítimos (IAPM); e o Instituto de Administração Financeira da Previdência e Assistência Social (Ipase), este último destinado aos servidores públicos (Paulus Júnior; Cordoni Júnior, 2006).

Em 1930, no governo de Getúlio Vargas (1882-1954), a área sanitária passou a compartilhar com o setor de educação o Ministério da Educação e Saúde. A política de saúde adotada reforçava a antiga dicotomia entre as ações de caráter coletivo, sob a gestão do Ministério da Educação e Saúde, e as ações curativas e individuais, vinculadas aos IAP. Em 1953, no segundo período presidencial de Vargas, foi desmembrado o Ministério da Educação e Saúde e criado o Ministério da Saúde, que passou a se dedicar às atividades de caráter coletivo, como as campanhas e a vigilância sanitária (Paulus Júnior; Cordoni Júnior, 2006). Em 1966, foi criado o Instituto Nacional de Previdência Social (INPS), a partir da fusão de todos os IAP. O INPS ficou responsável pelos benefícios previdenciários e pela assistência médica aos segurados e seus familiares. Com essa divisão, de acordo com Bertolli Filho (2011, p. 54), "estabeleceu-se um sistema dual de saúde: o INPS responsável por tratar dos doentes individualmente e o Ministério da Saúde por elaborar e executar programas sanitários e assistir à população durante as epidemias".

No início da década de 1970, o modelo previdenciário brasileiro tornou-se mais abrangente, visto que passou a incluir trabalhadores rurais, empregadas domésticas e trabalhadores autônomos, os quais também foram beneficiados pela cobertura de assistência médica no sistema de saúde. De acordo com Aguiar (2015), essa ampliação trouxe impacto para os gastos da previdência, que já eram elevados em decorrência do modelo assistencial, da forma de contrato com as empresas privadas, que favoreciam a lucratividade, e das fraudes e corrupção frequentes.

> O sistema previdenciário que até então era vinculado ao Ministério do Trabalho, passou à subordinação do Ministério da Previdência e Assistência Social (MPAS), criado em 1974, sem, no entanto, trazer mudanças nas características dos serviços de saúde ofertados. Esse Ministério elaborou o Plano de Pronta Ação (PPA), que ampliava a contratação de hospitais e clínicas particulares para atendimentos de urgência de qualquer indivíduo, segurado ou não. Com a criação do MPAS, também foi criado o Fundo de Apoio ao Desenvolvimento Social (FAS), cujos recursos eram destinados ao financiamento da construção de hospitais. (Aguiar, 2015, p. 31)

Ainda na década de 1970, a assistência médica financiada pela Previdência Social expandiu-se em número de leitos, cobertura e volume de recursos arrecadados. Foram construídas clínicas e hospitais privados com recursos da previdência e de faculdades particulares de Medicina, com ênfase na medicina curativa, nas especialidades médicas e na sofisticação tecnológica. Conforme afirma Aguiar (2015, p. 31), "a forma como se organizaram as contratações e pagamentos dos serviços privados para assistência aos segurados favoreceu a corrupção com consequente desfalque para o orçamento previdenciário."

Nesse período, as grandes e médias empresas firmaram acordos com grupos médicos para atendimento aos trabalhadores, o que deu origem à **medicina de grupo**. Com essa mudança, as empresas deixaram de pagar a cota previdenciária ao governo, com o compromisso de prestar assistência médica aos seus empregados. Para isso, recebiam subsídios do Governo Federal (Bertolli Filho, 2011).

No final dos anos de 1970, o modelo de saúde previdenciária apresentou uma grave crise: vivia-se um caos nos serviços públicos, sucateados e insuficientes para a demanda existente. A insatisfação social aumentou, culminando na organização de movimentos sociais que denunciavam os ineficientes sistemas de saúde pública e previdenciário, além de promover a luta em favor de melhores serviços de saúde e condições de vida para os menos favorecidos (Aguiar, 2015).

> [O INPS] Posteriormente, foi desdobrado em Instituto de Administração da Previdência Social (IAPAS), Instituto Nacional de Previdência Social (INPS) e Instituto Nacional de Assistência Médica da Previdência Social (INAMPS). O último, criado em 1974, tinha a responsabilidade de prestar assistência à saúde de seus associados, os trabalhadores com carteira assinada e seus dependentes, o que justificava a construção de grandes unidades de atendimento ambulatorial e hospitalar, como também a contratação de serviços privados nos grandes centros urbanos. (Lowenthal, 2013, p. 21-22)

A assistência à saúde desenvolvida pelo Inamps beneficiava apenas os trabalhadores da economia formal, com "carteira assinada", e seus dependentes. Nesse contexto, havia os brasileiros que podiam pagar pelos serviços, os que tinham direito ao Inamps e os que não tinham direito algum.

1.1.3 A Nova República

No final da década de 1980, já não havia mais a exigência da Carteira de Segurado do Inamps para atendimento nos hospitais próprios e conveniados da rede pública. Esse órgão adotou uma série de medidas que caminhavam para a cobertura universal de clientela. Tal processo levou à instituição do Sistema Unificado e Descentralizado de Saúde (SUDS). Foi um período marcante, pois, pela primeira vez, o Governo Federal começou a repassar recursos para estados e municípios ampliarem suas redes de serviços e a colocar em prática a garantia do direito à saúde da população – um dos principais ideais discutidos na VIII Conferência Nacional de Saúde, que abordaremos na próxima seção (Reis; Araújo; Cecílio, 2011).

Curiosidade

O Inamps foi extinto pela Lei n. 8.689, de 27 de julho de 1993 (Brasil, 1993a), quase três anos após a criação do Sistema Único de Saúde (SUS) pela Lei n. 8.080, de 19 de setembro de 1990 (Brasil, 1990a).

A VIII Conferência Nacional de Saúde

Ainda na década de 1970, houve uma mobilização social em defesa da saúde, a qual se convencionou chamar de **Movimento da Reforma Sanitária Brasileira (MRSB)**. Esse movimento inseria-se na luta contra o regime militar vigente no Brasil, além de preconizar um novo modelo assistencial, que destacava a importância da assistência primária à saúde. Um dos resultados mais expressivos do MRSB foi a realização da VIII Conferência Nacional de Saúde, que ocorreu em março de 1986 e reuniu em Brasília mais de cinco mil participantes, representantes de parte das forças políticas e sociais que lutavam por uma reforma efetiva na política de saúde do país (Albuquerque, 2015; Reis; Araújo; Cecílio, 2011).

Preste atenção!

Em março de 1986 ocorreu o evento político-sanitário mais importante da segunda metade do século passado, a VIII Conferência Nacional de Saúde, onde foram lançadas as bases doutrinárias de um novo sistema público de saúde. [...] O relatório final da conferência colocou três grandes referenciais para a reforma sanitária brasileira: um conceito amplo de saúde [que extrapola a visão meramente biologicista]; a saúde como direito à cidadania e dever do Estado; e a instituição de um sistema único de saúde, organizado pelos princípios da universalidade, da integralidade, da descentralização e da participação da comunidade.

Fonte: Brasil, 2006b, p. 24-25.

O relatório final da conferência também serviu de base para as discussões promovidas na Assembleia Nacional Constituinte, que aprovou, em 1988, a nova Constituição Federal (Brasil, 1988), na qual foi incluída, pela primeira vez, uma seção sobre saúde.

A Constituição de 1988, além de estabelecer a saúde como direito universal, apresenta um conceito mais amplo, de atenção concedida de forma integral (preventiva e curativa), além de contemplar a gestão participativa como importante inovação. Como demonstraremos no Capítulo 3, as Leis Orgânicas da Saúde, a Lei n. 8.080/1990 e a Lei n. 8.142, de 28 de dezembro de 1990 (Brasil, 1990b) são singularmente relevantes para o novo modelo.

Preste atenção!

De 1940 a 2015, a esperança de vida ao nascer para ambos os sexos passou de 45,5 anos para 75,5 anos, um aumento de 30 anos. No mesmo período, a taxa de mortalidade infantil caiu de 146,6 óbitos por mil nascidos vivos para 13,8 óbitos por mil, uma redução de 90,6%.

Fonte: Agência IBGE Notícias, 2016.

1.2 O sistema de saúde atual: avanços e desafios

Com a promulgação da Constituição Federal de 1988, foi criado o SUS, que incorporou a maioria das propostas do MRS. Isso significou uma grande vitória da sociedade brasileira. Até hoje, essa é considerada a maior política de inclusão social do país.

O SUS cobre indistintamente todos os brasileiros com serviços de vigilância sanitária (de alimentos e medicamentos), de vigilância epidemiológica, de sangue, de transplantes de órgãos, entre outros. No entanto, no campo da assistência à saúde, o SUS não é a única instituição atuante, já que uma importante parcela da população recorre ao sistema de saúde suplementar (seguros de saúde), até mesmo concomitantemente ao SUS, em circunstâncias em que o sistema privado apresenta limites de cobertura. Outra maneira de acesso à assistência é o desembolso direto, em que as pessoas podem utilizar qualquer uma das formas indicadas, a depender da facilidade de acesso ou de sua capacidade de pagamento (Mendes, 2013; Paim et al., 2011). Dados da Agência Nacional de Saúde (ANS) apontam que, em 2018, mais de 47 milhões de brasileiros foram beneficiários de planos privados em assistência médica (ANS, 2020).

Esse sistema tem contribuído significativamente para a melhoria dos indicadores de saúde da população brasileira. O SUS, além de ter aumentado amplamente o acesso aos cuidados para grande parte da população, desenvolve ações e programas que são referência internacional, como o Sistema Nacional de Imunizações, o Programa de Controle de HIV/Aids e o Sistema Nacional de Transplantes de Órgãos.

É válido salientar que os resultados obtidos pelo SUS deram destaque internacional para o Brasil, especialmente no que se refere à capacidade de reduzir a mortalidade infantil. No período de 2000 a 2010, essa taxa caiu 40%, tendo baixado de 26,6 para 16,2 óbitos em menores de um ano a cada mil nascidos. A atenção primária realizada no programa brasileiro, pela extensão e cobertura, é copiado por outros países (Mendes, 2013).

Apesar dos avanços, há, ainda, muitos desafios para o sistema de saúde brasileiro, entre os quais se destacam: evolução muito rápida na transição demográfica do país, transição nutricional, transição epidemiológica, inovação tecnológica e baixa velocidade do sistema em se adaptar e dar respostas a essas mudanças. Como qualquer política governamental, segundo Paim et al. (2011), o SUS sofre com o subfinanciamento, sendo os gastos públicos em saúde no Brasil baixos quando comparados com outros países com similar poder de compra.

Com relação à transição demográfica acelerada, o Brasil vive o aumento da população idosa, que será crescente nos próximos anos. Isso gerará novas demandas para a saúde e a necessidade de criação de políticas públicas voltadas ao envelhecimento saudável. A transição nutricional também vem ocorrendo de forma rápida. Há um aumento significativo de sobrepeso e obesidade na população total, incluindo as crianças. Somado a essa situação epidemiológica, há o crescimento das causas externas referentes à saúde, que são os acidentes e problemas decorrentes de violências.

Para o enfrentamento desses desafios – financiamento, evolução muito rápida na transição demográfica, transição nutricional e epidemiológica e inovação tecnológica –, será necessária uma revisão na estrutura de financiamento atual, que reforça as disparidades regionais e a fragmentação na prestação de serviço, com urgência em se organizar um modelo de atenção fundamentado na integração dos serviços e na promoção intersetorial da saúde, conforme esclareceremos no Capítulo 6.

Curiosidade

Aguiar (2015) destaca que a dualidade de comando na saúde entre o Ministério da Saúde, que cuidava das ações preventivas de caráter coletivo, e o Ministério da Previdência e Assistência Social, que cuidava da assistência médica de trabalhadores com contrato formal e seus dependentes, de caráter curativo e individual, foi resolvida com a criação dos SUS.

Síntese

Neste capítulo, introduzimos as bases históricas das políticas de saúde do país. Desde o Brasil Colônia até os dias atuais, observamos alguns momentos importantes, como a Revolta da Vacina, em 1904; a criação da Previdência Social pela Lei Eloy Chaves, em 1923; e a criação do Ministério da Saúde, em 1953. Demonstramos, também, como ocorreu o Movimento da Reforma Sanitária, que culminou na VIII Conferência Nacional de Saúde, ocorrida em 1986, cujo relatório final serviu como base para a criação do Sistema Único de Saúde (SUS). Por fim, apresentamos o sistema de saúde atual, bem como alguns avanços e desafios.

Questões para revisão

1. A VIII Conferência Nacional de Saúde, ocorrida em 1986, foi um marco para a saúde do Brasil. O relatório final dessa conferência definiu três grandes referenciais para a reforma sanitária brasileira. Quais são eles?

2. O Sistema Único de Saúde (SUS) desenvolve ações que cobrem indistintamente todos os brasileiros. Cite exemplos.

3. Assinale a alternativa que apresenta fatos e/ou características da saúde nos períodos colonial e imperial:

    a) Em oposição à obrigatoriedade da vacinação contra a varíola, ocorreu um movimento conhecido como Revolta da Vacina.
    b) Um fato importante foi a criação das primeiras escolas de medicina e do Ministério da Saúde.
    c) O período foi marcado por epidemias, entre elas a de varíola e a de febre amarela.
    d) As políticas adotadas controlaram as doenças transmissíveis, tornando o país uma referência.

4. Analise as afirmações a seguir e assinale com V as verdadeiras e F as falsas:

( ) A Lei Eloy Chaves foi um importante marco dos períodos colonial e imperial.
( ) Com a criação das Caixas de Aposentadoria e Pensão (CAP), todos os brasileiros passaram a ter direito aos serviços de saúde.
( ) Nos períodos imperial e colonial, foram fundadas as Escolas de Medicina do Rio de Janeiro e de Salvador.
( ) Os períodos colonial e imperial foram marcados pela expansão dos serviços de saúde e da atuação dos médicos no atendimento à população.

Agora, assinale a alternativa que apresenta a sequência correta:

a) V, V, F, V.
b) V, F, F, V.
c) F, F, V, F.
d) F, V, V, F.

5. A Nova República marcou importantes mudanças no sistema de saúde brasileiro. Sobre esse período, correlacione as colunas:
I) Relatório da VIII Conferência Nacional de Saúde
II) Sistema Único de Saúde (SUS)
III) Constituição Federal de 1988
IV) Movimento da Reforma Sanitária (MRS)

( ) Serviu de base para as discussões promovidas na Assembleia Nacional Constituinte e para a posterior aprovação da Constituição Federal de 1988, que estabeleceu a saúde como direito universal.
( ) Mobilização social que preconizava um novo modelo assistencial, destacando a importância da assistência primária à saúde.
( ) Estabeleceu um conceito mais amplo de saúde e definiu a gestão participativa como importante inovação.

( ) Objetiva garantir a continuidade do cuidado nos níveis primário, ambulatorial, especializado e hospitalar e realizar ações de promoção da saúde, de vigilância em saúde, de controle de vetores e de educação sanitária.

Agora, assinale a alternativa que apresenta a sequência correta:

a) I, IV, III, II.
b) I, III, II, IV.
c) II, III, IV, I.
d) II, IV, III, I.

Questões para reflexão

1. Tendo em vista o conteúdo apresentado neste capítulo, reflita sobre o que a atual situação de saúde tem em comum com os períodos colonial, imperial, republicano e da Nova República.

2. O direito à assistência à saúde, desenvolvido pelo Instituto Nacional de Assistência Médica da Previdência Social (Inamps) na década de 1970, era destinado ao trabalhador formal, aquele com "carteira assinada", e seus dependentes. Quais consequências esse modelo poderia trazer à sociedade brasileira se permanecesse até os dias atuais?

3. Entreviste uma pessoa com 60 anos ou mais e pergunte o que ela sabe sobre a saúde na época do Instituto Nacional de Previdência Social (INPS) e do Instituto Nacional de Assistência Médica da Previdência Social (Inamps).

Ivana Maria Saes Busato

CAPÍTULO 2

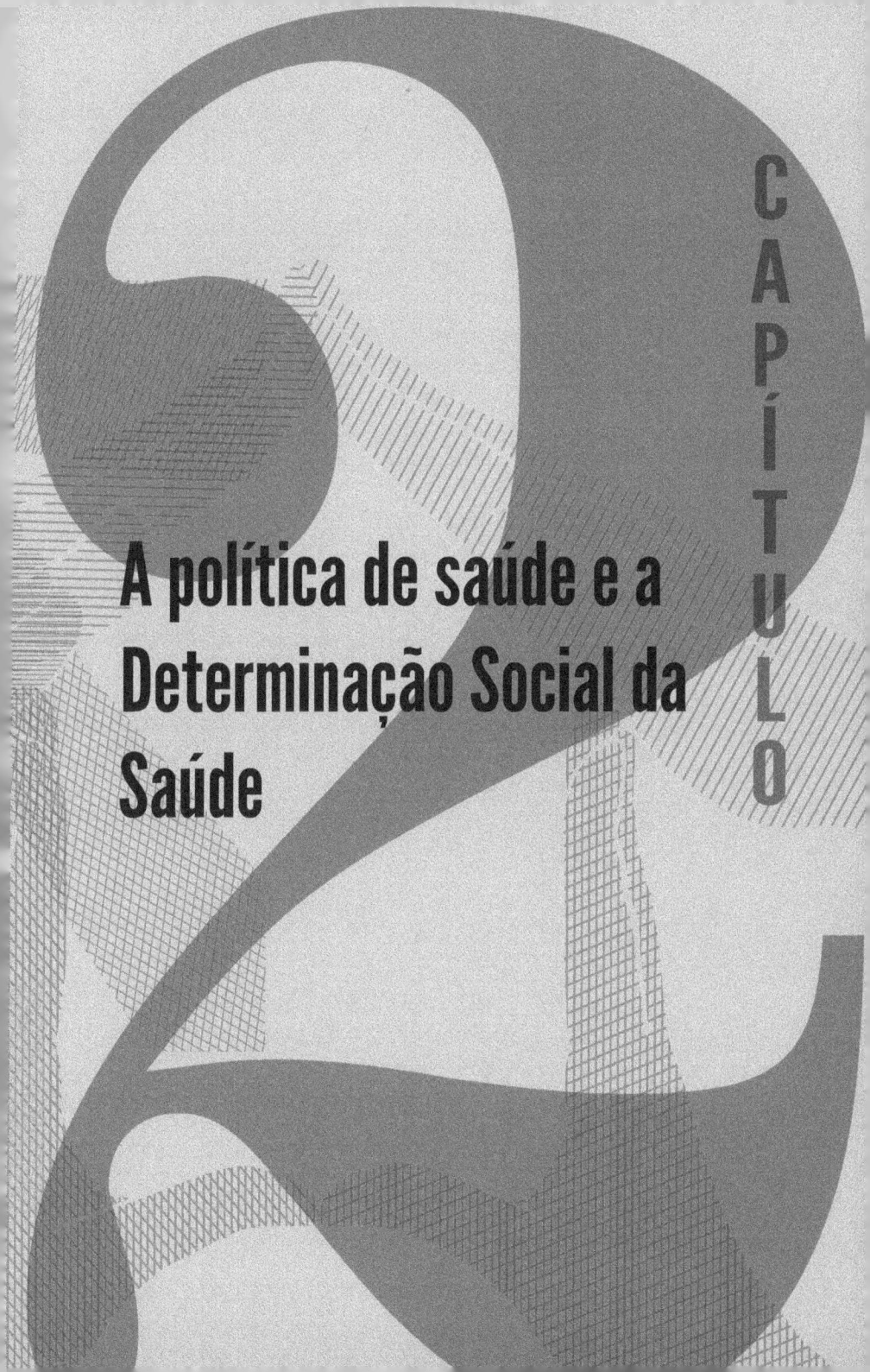

A política de saúde e a Determinação Social da Saúde

Conteúdos do capítulo

- Conceitos de saúde e de doença.
- Modelo explicativo do processo saúde-doença.
- Determinação Social da Saúde.
- Objetivos de Desenvolvimento Sustentável e Saúde em Todas as Políticas.

Após o estudo deste capítulo, você será capaz de:

1. identificar os conceitos de saúde e de doença ao longo da história;
2. correlacionar os conceitos de saúde e de doença com modelos do processo saúde-doença;
3. diferenciar os modelos do processo saúde-doença;
4. analisar a Determinação Social da Saúde;
5. compreender a Saúde em Todas as Políticas;
6. correlacionar a Determinação Social da Saúde com os Objetivos de Desenvolvimento Sustentável.

Para conhecer uma política de saúde, é necessário compreender os conceitos de *saúde* e de *doença*, as modificações que esses termos sofreram ao longo da história da humanidade e suas implicações nos modelos explicativos do processo saúde-doença, o qual impacta diretamente a organização da política de saúde e a formação do Sistema Único de Saúde (SUS). Nesse contexto, destacamos o modelo de processo saúde-doença apresentado pela Determinação Social da Saúde (DSS), em que as políticas sociais integram-se para explicar a complexa relação entre as características ou condições sociais em que as pessoas vivem e trabalham, que determinam e condicionam a ocorrência do adoecimento. Ademais, apresentamos os 17 Objetivos de Desenvolvimento Sustentável (ODS), os quais se correlacionam com a estratégia da Saúde em Todas as Políticas (SeTP).

2.1 Conceitos de saúde e de doença

O ser humano sempre teve preocupação com o adoecimento, e a busca por explicações sobre saúde e doença foi constantemente modificada ao longo da história. Conforme Albuquerque e Silva (2014, p. 954), essas mudanças aconteceram motivadas por "diversas concepções de saúde [...], de acordo com o grau de domínio sobre a natureza, sobre a realidade objetiva, com o modo hegemônico de interpretar a realidade em cada momento histórico".

Na Antiguidade, a saúde e a doença eram justificadas mediante explicações empíricas, relacionadas ao equilíbrio com a natureza e à vontade dos deuses, tendo em vista a concepção mágico-religiosa da época. Como as pessoas moravam distantes umas das outras, os agrupamentos sociais eram pequenos e o impacto de doenças ficava restrito a um pequeno contingente. Contudo, há relatos de epidemias em documentos antigos. Alguns fatores, como a vida comunitária e a possibilidade de conviver com animais domésticos, foram determinantes para o aumento de doenças.

Diante desse cenário, além de estratégias de proteção, como moradias mais seguras, o homem também passou a buscar explicações para a ocorrência das enfermidades. As primeiras explicações referentes à saúde e à doença que romperam com o mágico-religioso aconteceram na Grécia e ganharam conotações científicas com Hipócrates (460-377 a.C.), que buscou explicar a doença e a saúde por meio do equilíbrio/desequilíbrio entre o ar, o solo, a água e o clima.

A religião, por sua vez, em especial a teologia filosófica de Tomás de Aquino (1225-1274), ocupou-se da origem e do destino das criaturas, que só poderiam ser entendidas com base na Criação de Deus e na relação contínua com Ele. De acordo com essa vertente, o homem é uma criatura pensante, que se distingue pelo seu pecado original e por sua possibilidade de salvação (Nogueira, 2010b). Nesse contexto, a culpabilidade, representada pelo pecado, era vista como uma razões pelas quais algumas pessoas adoeciam e outras, não.

As explicações para as doenças voltavam-se para a culpa e o castigo, ao passo que outros fatores sociais impulsionavam a disseminação de doenças, como o comércio e a urbanização. O crescimento das cidades propiciou a ocorrência de novas enfermidades. Na Idade Média, ocorreram várias epidemias de males desconhecidos até então, como a peste negra e a cólera. A doença era apontada como consequência dos humores, e a saúde era vista como uma dádiva divina, um atestado de boa conduta. Nessa fase, os primeiros hospitais foram criados, com o principal objetivo de afastar os doentes, em especial os pobres, para que morressem longe das demais pessoas, conforme descrito por Foucault (1982, p. 99-100):

> Antes do século XVIII, o hospital era essencialmente uma instituição de assistência aos pobres. Instituição de assistência, como também de separação e exclusão. O pobre como pobre tem necessidade de assistência e, como doente, portador de doença e de possível contágio, é perigoso. Por estas razões, o hospital deve estar presente tanto para acolhê-lo quanto para proteger os outros do perigo que ele encarna. O personagem ideal do hospital, até o século XVIII, não é o doente que é preciso curar, mas o pobre que está morrendo. É alguém que deve ser assistido material e espiritualmente, alguém a quem se deve dar os últimos cuidados e o último sacramento. [...] E

o pessoal hospitalar não era fundamentalmente destinado a realizar a cura do doente, mas a conseguir sua própria salvação.

Na época da Revolução Industrial (ca. 1760-1840), a humanidade exigia explicações racionais para o adoecer. Nesse cenário, surgiram pessoas que se dedicavam à cura e aos cuidados dos doentes, sem vinculação com as religiões, o que deu origem à **medicina clínica**. Nogueira (2010b) explica que a medicina clínica, no final do século XVIII, impôs que a saúde e a doença fossem concebidas como determinação objetiva, normal ou anormal, e como objeto, sem envolvimento de culpa ou castigo religioso.

No início do século XIX, com a evolução das ciências, as concepções mágico-religiosas foram substituídas por novas ideias, impulsionadas pelo **positivismo**, que buscava o progresso nas ciências. As rotas comerciais também influenciaram essa mudança, pois, embora facilitassem a disseminação de doenças, favoreciam a difusão de novos conhecimentos, o que era almejado pelo pensamento científico da época.

Albuquerque e Silva (2014) apontam que a produção de saúde deixou de ser uma ação voluntária e passou a compor a divisão social do trabalho. Com a expansão e o desenvolvimento das cidades, criaram-se diferentes saberes técnicos; com a especialização de diversas áreas, os profissionais com habilidades na saúde começaram a trabalhar especificamente no cuidado às pessoas. Outras profissões também surgiram, como as de padeiro, ferreiro e comerciante. Com essas profissões especializadas, apareceram, então, as doenças relacionadas ao trabalho, que não podiam ser explicadas pelas ciências da época.

A necessidade de aprofundamento em estudos de anatomia e fisiologia favoreceu o desenvolvimento de áreas como a bacteriologia, a anatomia e a farmacologia, trazendo uma nova lógica ao conceito de doença, com a possibilidade de determinação de suas causas.

A industrialização transformou a realidade: modificou a relação do homem com o trabalho e estimulou a urbanização, tendo como consequência a produção de cidades cada vez mais poderosas política e economicamente. A união desses fatores e, principalmente, a luta dos trabalhadores por melhores condições de trabalho trouxeram preocupações referentes às questões sociais, dando início a uma nova lógica para as explicações de doenças. Contudo, o conceito de saúde que mais prevaleceu foi o de "ausência de doença".

Tendo em vista essa perspectiva, Puttini, Pereira Junior e Oliveira (2010, p. 754-755) apontam que a doença

> é definida como desajuste ou falta de mecanismos de adaptação do organismo ao meio, ou ainda como uma presença de perturbações da estrutura viva, causadoras de desarranjos na função de um órgão, sistema ou organismo,
>
> Diante da etiologia da doença, o modelo biomédico adota uma lógica unicausal, [...] procurando-se identificar uma causa a qual [...] explicaria o fenômeno do adoecer, direcionando essa explicação a se tornar universal [...].

No período pós-guerra, houve uma preocupação mundial com as questões de saúde. Na Conferência Sanitária Internacional, realizada em junho de 1946, em Nova York, ficou definido que a saúde é um "estado de completo bem-estar físico, mental e social" (OMS, 1946). Esse conceito foi referendado pela Organização Mundial da Saúde (OMS) e influenciou a organização de políticas públicas de saúde. No Brasil, a Constituição Federal de 1988 (Brasil, 1988) consagrou a saúde como direito de todos e dever do Estado, e o conceito de saúde foi regulamentado pela **Lei Orgânica da Saúde** (Lei n. 8.080, de 19 de setembro de 1990):

> Art 3º A saúde tem como fatores determinantes e condicionantes, entre outros, a alimentação, a moradia, o saneamento básico, o meio ambiente, o trabalho, a renda, a educação, o transporte, o lazer e o acesso aos bens e serviços essenciais; os níveis de saúde da população expressam a organização social e econômica do País. (Brasil, 1990a)

A Lei n. 12.864, de 24 de setembro de 2013, amplia esse conceito de saúde ao redefinir o art. 3º da Lei n. 8.080/1990:

> Art. 3º Os níveis de saúde expressam a organização social e econômica do País, tendo a saúde como determinantes e condicionantes,

entre outros, a alimentação, a moradia, o saneamento básico, o meio ambiente, o trabalho, a renda, a educação, a atividade física, o transporte, o lazer e o acesso aos bens e serviços essenciais. (Brasil, 2013a)

As formas como a sociedade percebe a saúde e a doença determinam os modelos explicativos do processo saúde-doença e são fundamentais para a organização da política de saúde.

2.2 Processo saúde-doença: do mágico-religioso à história natural da doença

A indagação humana "Por que adoecemos?" é entendida por meio do modelo explicativo do processo saúde-doença. As sociedades sempre buscaram responder a esse questionamento, observando que, em uma comunidade, alguns adoecem e outros, não. Assim, várias explicações foram se desenvolvendo ao longo da história, influenciadas pela evolução do conhecimento científico, pelo envelhecimento da população e pelo aparecimento de novas condições de saúde, como a expansão das doenças infectocontagiosas e o surgimento das doenças relacionadas ao trabalho.

"Diversos modelos explicativos têm sido estabelecidos para elucidar a complexidade do processo saúde-doença ao longo da história da humanidade" (Busato, 2016, p. 47). Conforme mencionamos anteriormente, durante vários séculos, as doenças foram encaradas como uma punição dos deuses às pessoas, por transgredirem os dogmas religiosos. As contribuições da medicina hindu e da medicina chinesa trouxeram o modelo holístico, que explicava as doenças por meio do equilíbrio entre os elementos e os humores que compõem o organismo humano (Busato, 2016).

O modelo empírico-racional também explica a ocorrência das doenças como a consequência do desequilíbrio dos elementos naturais. Segundo a teoria humoral hipocrática, as doenças eram oriundas de um desequilíbrio entre os humores do corpo, os quais teriam a capacidade de se espalhar no ar e adoecer outras pessoas – ainda não havia conhecimento sobre micro-organismos, como bactérias e vírus, e suas relações com as doenças.

Essa teoria expandiu-se ao longo da Idade Média (Busato, 2016). Nesse contexto, segundo Ceballos (2015, p. 7), o "saber clínico, racionalizado e experimental, trouxe uma nova forma de compreender a saúde. [...] Descartes propôs que o corpo e a mente deveriam ser estudados de forma separada, sendo o corpo analisado pela medicina e a mente estudada pela religião e pela filosofia".

O desenvolvimento das ciências no período do positivismo e a possibilidade de se estudar o corpo humano favoreceram o desenvolvimento do **modelo biomédico**. Ceballos (2015, p. 7, grifo do original) indica que esse "modelo separatista de pensar o fenômeno do adoecimento foi fortalecido pelas descobertas de **Pasteur** e **Virchow** em seus trabalhos com micro-organismos". A principal justificativa para ocorrência das doenças estava na presença de um agente causal que possibilitava a adoção de medidas curativas (modelo unicausal), com foco na assistência individual. Esse modelo influenciou os primeiros conceitos de saúde como **ausência de doença**.

As explicações com o **modelo unicausal** foram perdendo força com a evolução do conhecimento sobre as doenças, com a medicina clínica e suas contribuições. Assim, foi sistematizado por Leavell e Clark o **modelo da história natural das doenças**. Ceballos (2015) esclarece que esse modelo, também denominado *processual*, prevê que os estímulos patológicos do meio ambiente desencadeiam uma resposta do corpo, que terá como desenlace a cura, o defeito, a invalidez ou a morte. A autora ainda explica que o modelo processual foi um avanço ao identificar que características sociais e as relações do indivíduo na sociedade interferem na chance e na forma de adoecer, bem como nas consequências da doença, o que pode até levar à morte.

Nessa lógica causal, que acompanha uma linha de evolução, a ocorrência da doença tem início antes do aparecimento dos sinais e sintomas, e, para manter e/ou restabelecer a saúde, devem ser realizadas ações de **promoção** e de **prevenção**. Isso fornece uma visão positiva da saúde, porque valoriza a prevenção, bem como as ações promotoras da qualidade de vida.

O conceito de saúde ganha estruturação explicativa, proporcionada pelo esquema da tríade ecológica (interação entre agente, hospedeiro e meio ambiente), e introduz novamente a noção de condicionantes e determinantes (o meio ambiente, as condições específicas do hospedeiro e o fator de risco). Ademais, no modelo biomédico, "o conceito de saúde prevalece na condição lógica exclusivamente em razão da ausência da doença", ao passo que "no modelo multicausal, [...] privilegia-se o conhecimento da história natural da doença. O conceito de saúde ganha estruturação explicativa proporcionada pelo esquema da tríade ecológica (agente, hospedeiro e meio ambiente)" (Puttini; Pereira Junior; Oliveira, 2010, p. 756).

No modelo da história natural da doença, tanto os fatores externos (como as naturezas física, biológica, sociopolítica e cultural) quanto os individuais (como os hereditário-congênitos, as alterações nas defesas e as alterações orgânicas) colaboram para o adoecimento. A história natural da doença evidencia um movimento linear de agravamento da doença, que culmina com a morte, caso não haja ações de promoção, prevenção e recuperação da saúde. Também analisa as características específicas de uma doença ou de um agravo em determinado período, desde a ausência dos primeiros sinais e sintomas e de sua distribuição na população, levando-se em consideração pessoas, tempo e espaço.

De acordo com a OMS, "saúde é um estado de completo bem-estar físico, mental e social, e não consiste apenas na ausência de doença ou de enfermidade" (OMS, 1946). Assim, o modelo explicativo ganha nova configuração, pois admite a necessidade de um bem-estar abrangente, incluindo as condições mentais, que não eram consideradas nos modelos explicativos do processo saúde-doença). Dessa forma, as condições mentais devem ser consideradas para a organização do cuidado e o estabelecimento da política de saúde.

O **modelo sistêmico**, proposto a partir de 1970, aproxima-se dos primeiros conceitos epidemiológicos, da época de Hipócrates, de relação entre doença e desequilíbrio na natureza (Busato, 2016), e traz a compreensão abrangente do processo saúde-doença. O sistema, nesse caso, representa um conjunto de elementos relacionados, presentes no corpo e em tudo que está à sua volta (Almeida Filho; Rouquayrol, 2013) – qualquer alteração em um elemento pode desequilibrar os demais, provocando a doença. Uma mudança no ambiente, por exemplo, pode levar a uma mudança no organismo humano e vice-versa. Os autores complementam que esse modelo também considera os fatores políticos, socioeconômicos, culturais e ambientais de forma sinérgica com os agentes patogênicos, e que essa interação pode afetar qualquer um dos níveis, o qual, por sua vez, modificará os demais.

> A noção de sistema incorpora a ideia de um todo, de contribuição de diferentes elementos do ecossistema no processo saúde-doença, fazendo, assim, um contraponto à visão unidimensional e fragmentária do modelo biomédico. Segundo essa concepção, a estrutura geral de um problema de saúde é entendida como uma função sistêmica, na qual um sistema epidemiológico se constitui num equilíbrio dinâmico. Ou seja, cada vez que um dos seus componentes sofre alguma alteração, esta repercute e atinge as demais partes, num processo em que o sistema busca novo equilíbrio. (Almeida Filho; Rouquayrol, 2013, p. 52).

Ao apontar que a saúde vai além da ausência de enfermidade ou invalidez, a OMS influenciou também novos modelos explicativos do processo saúde-doença, o que exigiu a ampliação dos determinantes e condicionantes da saúde. Nesse sentido, foi necessária uma associação entre a saúde e as ciências sociais na busca por explicações para os padrões populacionais de distribuição de doenças (Barata, 2005). O modelo explicativo de DSS contempla essa interação entre todas as políticas.

A Figura 2.1 traz um resumo das principais características dos modelos explicativos apresentados.

Figura 2.1 – Modelos explicativos do processo saúde-doença

Saúde como efeito natural

↓

Mágico-religioso
- Doença como punição divina (pecado)

↓

Hipócrates: pensamento empírico-racional
- Interação entre solo, ar terra e água
- Saúde: objeto a ser conquistado

↓

Biomédico
- Unicausal
- Centrado na relação causa e efeito

↓

História natural da doença
- Multicausal - interação com o meio - agente - hospedeiro
- Pré-patogênese - promoção e prevenção

2.3 A Determinação Social da Saúde (DSS)

A Determinação Social da Saúde (DSS) é um referencial teórico que discute a abrangência da coletividade e do caráter histórico-social do processo saúde-doença (Rocha; David, 2015). Foi construída ao longo da história, tendo início nos anos de 1970, com a Conferência de Alma-Ata, e na década de 1990, com o debate sobre as Metas do Milênio, ratificado pela criação da Comissão sobre Determinantes Sociais da Saúde da OMS, em 2005 e pelos ODS, em 2015 (Buss; Pellegrini Filho, 2007). As contribuições da DSS impulsionaram a epidemiologia social latino-americana, em especial na luta pelo SUS, com o Movimento da Reforma Sanitária Brasileira (Nogueira, 2010a).

Os modelos do processo saúde-doença, antes da DSS, apresentavam dificuldades em explicar as condições de saúde, exigindo novas abordagens que posteriormente também refletiram na organização do sistema de saúde. Eles exploravam as condições individuais e biológicas para explicar a ocorrência de doença, sem considerar os determinantes sociais e as escolhas no estilo de vida. No entanto, devemos ressaltar que a vida humana depende do grau de desenvolvimento e da forma como a própria sociedade se organiza (Alburquerque; Silva, 2014).

A DSS é definida como as características sociais ou condições sociais em que as pessoas vivem e trabalham, ou seja, como a causa das causas (WHO, 2007). Nogueira (2010b) explica que a relação entre causa e efeito é validada por métodos estatísticos, buscando a causalidade dos determinantes das doenças e utilizando métodos empíricos, diante da impossibilidade de realização de pesquisa clínica. A causa das causas somente é percebida para a determinação das doenças quando as desigualdades são extremas, visto que estudos comprovam que ela condiciona a gravidade da doença. Portanto, a DSS é um modelo que busca explicar as condições sociais que podem determinar ou condicionar o processo saúde-doença.

A DSS aponta que as condições individuais (sexo, idade, fatores hereditários), relevantes para determinar a presença de uma doença, são influenciadas pelos demais determinantes e condicionantes, que estão nas camadas mais distais da Figura 2.2. Essa teoria também critica os modelos explicativos fundamentados exclusivamente nas características individuais, sem distinguir e correlacionar o âmbito biológico (sexo, idade e etnia) e as condições sociais (desemprego, educação, saneamento, entre outros) ao se analisar uma doença. A escolha do estilo de vida e das redes sociais e comunitárias passa a ser considerada para a ocorrência das doenças, e as condições socioeconômicas, culturais e ambientais gerais, como educação, renda, condições de vida e de trabalho, são macrodeterminantes do processo saúde-doença.

Nesse contexto, vale destacar que o Brasil apresenta, por exemplo, um processo de envelhecimento populacional e uma situação de transição epidemiológica, com consequente aumento relativo das doenças crônicas, como diabetes e hipertensão (Mendes, 2012). Portanto, é necessária a compreensão de todos os determinantes sociais para a promoção de saúde e a prevenção de doenças para um envelhecimento saudável.

A DSS também possibilita evitar as diferenças socialmente produzidas, como a falta de investimentos em saneamento, em infraestrutura urbana e em educação, que ocorrem de forma sistemática e, quando distribuídas de maneira desigual entre a população, provocam mais desigualdade e causam as iniquidades em saúde (Mendes, 2012).

Importante!

Ceballos (2015) destaca que os determinantes sociais são importantes para entender como a saúde é sensível ao ambiente social e funciona como um elemento de justiça social.

No Brasil, a DSS está alicerçada em um fundamento ético e no princípio doutrinário do SUS: a **equidade em saúde** ("dar mais a quem mais precisa"). Dessa forma, objetiva-se eliminar as diferenças injustas e evitáveis ou remediáveis entre grupos populacionais definidos por condições sociais, econômicas, demográficas e geográficas.

Em 13 de março de 2006, foi instituída por decreto a Comissão Nacional sobre Detererminantes Sociais da Saúde, que correlaciona os determinantes sociais das doenças e dos agravos da população brasileira e determina o modelo explicativo do processo saúde-doença de Dahlgren e Whitehead para o Brasil (CNDSS, 2008). Esse modelo é apresentado na Figura 2.2.

Figura 2.2 – Determinação Social da Saúde

Condições socioeconômicas, culturais e ambientais gerais
- Condições de vida e de trabalho
- Ambiente de trabalho
- Desemprego
- Educação
- Água e esgoto
- Produção agrícola de alimentos
- Serviços sociais de saúde
- Habitação

Redes sociais e comunitárias

Estilo de vida dos indivíduos

Idade, sexo e fatores hereditários

Fonte: CNDSS, 2008, p. 14.

De acordo com Mendes (2012, p. 165), o modelo de Dahlgren e Whitehead inclui "os determinantes sociais da saúde dispostos em diferentes camadas concêntricas, segundo seu nível de abrangência, desde uma camada mais próxima aos determinantes individuais até uma camada distal onde se situam os macrodeterminantes". Conforme é possível perceber, as condições individuais influenciam menos as explicações de ocorrência de doenças nos indivíduos.

No ensino ou no campo da prática profissional, é importante conhecer os modelos teóricos, como a DSS, que explicam o fenômeno da saúde e da doença na busca pela integração das ações entre as políticas públicas.

A utilização da DSS para o desenvolvimento da política de saúde vem gradualmente sendo aplicada – o grande desafio está na integração das políticas públicas que não estão sob a responsabilidade da política de saúde. Nesse sentido, foi desenvolvido o conceito de *Saúde em Todas as Políticas* (SeTP) visando à conscientização sobre o impacto que as políticas públicas têm na saúde e na qualidade de vida das pessoas.

O principal enfoque da SeTP é a análise de determinantes da saúde, que podem ter impacto em sua melhoria, e de determinantes presentes em políticas de outros setores, fora da saúde (OPAS; OMS, 2017). Conforme a Organização Pan-Americana da Saúde (OPAS; OMS, 2017), a SeTP é uma política horizontal e complementar, com potencial para contribuir para a saúde da população. Trata-se de uma estratégia colaborativa entre políticas que incorpora o conceito de saúde de maneira mais decisiva e eficaz para o processo de tomada de decisões entre setores e campos de políticas.

A SeTP está fundamentada nas discussões de implementação da atenção básica presentes na Declaração de Alma-Ata, de 1978, e nas conferências sobre a promoção da saúde, como a I Conferência Internacional sobre Promoção da Saúde, realizada em Ottawa em 1986. Seu plano de ação, adotado em setembro de 2014 pelo 53º Conselho Diretor da Organização Pan-Americana da Saúde – Opas (Resolução CD53.R2 e Documento CD53/10), estabelece objetivos e metas específicos por um período de cinco anos, de 2014 a 2019, com correspondência aos documentos da OMS (OPAS; OMS, 2017). A SeTP também segue o formato multissetorial e interdependente da Agenda 2030 para o Desenvolvimento Sustentável, que promove uma ação intersetorial integral para abordar as bases dos determinantes sociais, econômicos, ambientais e políticos que afetam a saúde das populações (OPAS; OMS, 2017).

Para saber mais

Na I Conferência Internacional sobre Promoção da Saúde, realizada em Ottawa, capital do Canadá, foi produzida a **Carta de Ottawa**. Trata-se de uma Carta de Intenções que busca contribuir com as políticas de saúde em todos os países e que serviu de referência para as conferências que ocorreram nos anos posteriores. Conheça a íntegra em:

PRIMEIRA CONFERÊNCIA INTERNACIONAL SOBRE PROMOÇÃO DA SAÚDE. **Carta de Ottawa**. Ottawa, nov. 1986. Disponível em: <http://bvsms.saude.gov.br/bvs/publicacoes/carta_ottawa.pdf>. Acesso em: 6 jul. 2020.

2.4 A saúde e os Objetivos de Desenvolvimento Sustentável (ODS)

Em 2016, começou a ser implantada a resolução da Organização das Nações Unidas (ONU) intitulada *Transformar o nosso mundo: Agenda 2030 de Desenvolvimento Sustentável*. São 17 os ODS (Figura 2.3), desdobrados em 169 metas, aprovadas em 25 de setembro de 2015 por líderes de 193 Estados-membros da ONU, reunidos em Assembleia Geral, em Nova York (Estados Unidos).

Figura 2.3 – Os 17 Objetivos de Desenvolvimento Sustentável (ODS)

Nações Unidas Brasil

Fonte: ONU, 2020b.

A Agenda 2030 para o Desenvolvimento Sustentável e os ODS representam o consenso emergente na busca de um novo paradigma de desenvolvimento, sendo uma "agenda alargada e ambiciosa que aborda várias dimensões do desenvolvimento sustentável (social, econômico, ambiental) e que promove a paz, a justiça e instituições eficazes" (Cepal, 2016, p. 1). A Comissão Econômica para América Latina e o Caribe (Cepal, 2016, p. 16) alerta que para a "implementação da Agenda 2030 é preciso construir novas alianças, mais solidárias e equitativas, no plano internacional e dentro de cada país".

Os 17 objetivos, discriminados a seguir, demandarão muito esforço dos países-membros para que sejam atingidos. Eles se desdobram em 169 metas específicas, monitoradas em 232 indicadores.

Objetivo 1. Acabar com a pobreza em todas as suas formas, em todos os lugares.

Objetivo 2. Acabar com a fome, alcançar a segurança alimentar e melhoria da nutrição e promover a agricultura sustentável.

Objetivo 3. Assegurar uma vida saudável e promover o bem-estar para todos, em todas as idades.

Objetivo 4. Assegurar a educação inclusiva e equitativa de qualidade, e promover oportunidades de aprendizagem ao longo da vida para todos.

Objetivo 5. Alcançar a igualdade de gênero e empoderar todas as mulheres e meninas.

Objetivo 6. Assegurar a disponibilidade e gestão sustentável da água e o saneamento para todos.

Objetivo 7. Assegurar a todos o acesso confiável, sustentável, moderno e a preço acessível à energia.

Objetivo 8. Promover o crescimento econômico sustentado, inclusivo e sustentável, emprego pleno e produtivo e trabalho decente para todos.

Objetivo 9. Construir infraestruturas resilientes, promover a industrialização inclusiva e sustentável e fomentar a inovação.

Objetivo 10. Reduzir a desigualdade dentro dos países e entre eles.

> **Objetivo 11.** Tornar as cidades e os assentamentos humanos inclusivos, seguros, resilientes e sustentáveis.
> **Objetivo 12.** Assegurar padrões de produção e de consumo sustentáveis.
> **Objetivo 13.** Tomar medidas urgentes para combater a mudança do clima e os seus impactos.
> **Objetivo 14.** Conservar e usar sustentavelmente os oceanos, os mares e os recursos marinhos para o desenvolvimento sustentável.
> **Objetivo 15.** Proteger, recuperar e promover o uso sustentável dos ecossistemas terrestres, gerir de forma sustentável as florestas, combater a desertificação, deter e reverter a degradação da terra e deter a perda de biodiversidade.
> **Objetivo 16.** Promover sociedades pacíficas e inclusivas para o desenvolvimento sustentável, proporcionar o acesso à justiça para todos e construir instituições eficazes, responsáveis e inclusivas em todos os níveis.
> **Objetivo 17.** Fortalecer os meios de implementação e revitalizar a parceria global para o desenvolvimento sustentável.

Fonte: Pnud, 2020, p. 15.

O Objetivo 3 reafirma o conceito de saúde como sinônimo de qualidade de vida, além de estar diretamente relacionado com a política de saúde que visa assegurar uma vida saudável e promover o bem-estar para todos, em todas as idades. O objetivo em questão apresenta 9 metas, 4 meios de implementação e 27 indicadores para monitoramento. No entanto, para alcance da qualidade de vida, é importante contemplar a totalidade dos objetivos; se todos forem atingidos, haverá impacto na saúde das pessoas.

As metas do Objetivo 3 procuram impactar os indicadores de mortalidade: redução da mortalidade materna; mortes evitáveis de crianças (menores de 5 anos); mortalidade prematura por doenças não transmissíveis; e mortes e doenças por produtos químicos perigosos (contaminação e poluição do ar, da água e do solo). Essas metas devem ser atingidas até 2030.

Outra meta importante, a qual deve ser alcançada até 2020, é reduzir pela metade as mortes e os ferimentos globais por acidentes em estradas. Com relação às doenças, os objetivos para 2030 são: acabar com as epidemias de Aids, tuberculose, malária e doenças tropicais negligenciadas; combater a hepatite, doenças transmitidas pela água e outras doenças transmissíveis; e reforçar a prevenção e o tratamento do abuso de substâncias, incluindo o abuso de drogas entorpecentes e o uso nocivo do álcool. Também até 2030 deve-se assegurar o acesso universal aos serviços de saúde sexual e reprodutiva, incluindo planejamento familiar, informação e educação, bem como a integração da saúde reprodutiva em estratégias e programas nacionais. O controle do tabaco também é abordado, buscando fortalecer a implementação da Convenção para o Controle do Tabaco da OMS em todos os países.

As vacinas e os medicamentos também aparecem como meta, com vistas a apoiar a pesquisa e o desenvolvimento de medidas para o combate de doenças transmissíveis e não transmissíveis, para o acesso a medicamentos e vacinas essenciais a preços baixos e para o acesso de todos a medicamentos.

Quanto às questões estruturantes da política de saúde, os ODS apresentam meta para:

> Atingir a cobertura universal de saúde, incluindo a proteção do risco financeiro, o acesso a serviços de saúde essenciais de qualidade e o acesso a medicamentos e vacinas essenciais para todos de forma segura, eficaz, de qualidade e a preços acessíveis.
>
> [...]
>
> Aumentar substancialmente o financiamento da saúde e o recrutamento, formação e retenção do pessoal de saúde nos países em desenvolvimento, especialmente nos países menos desenvolvidos e nos pequenos Estados insulares em desenvolvimento.
>
> Reforçar a capacidade de todos os países, particularmente os países em desenvolvimento, para o alerta precoce, redução de riscos e gestão de riscos nacionais e globais de saúde. (ONU, 2020a)

Síntese

Neste capítulo, evidenciamos que os conceitos de saúde e doença evoluem com o avanço científico e tecnológico. Com a identificação de determinantes e de condicionantes do processo saúde-doença, é possível estabelecer os modelos explicativos com potencial de determinar a organização da política de saúde. Conhecer e interpretar os determinantes sociais é imprescindível para que a atuação dos profissionais das políticas públicas tenha um impacto positivo na saúde de uma população. A Saúde em Todas as Políticas (SeTP) é uma estratégia que visa à melhoria da qualidade de vida das pessoas, estando alinhada aos Objetivos de Desenvolvimento Sustentável (ODS).

Questões para revisão

1. Faça uma correlação entre três Objetivos de Desenvolvimento Sustentável (ODS) e a Determinação Social da Saúde (DSS).

2. Quais os aspectos que mais contribuíram para o conhecimento de doenças, tendo em vista o modelo explicativo da história natural da doença?

3. Analise as afirmações a seguir sobre os modelos do processo saúde-doença:
   I) Os modelos explicativos do processo saúde-doença sempre apresentaram multicausalidade
   PORQUE
   II) A saúde é um estado de completo bem-estar físico, mental e social.
   Agora, assinale a alternativa correta:
   a) As afirmativas I e II estão corretas, e a segunda afirmativa explica a primeira.
   b) As afirmativas I e II estão corretas, mas a primeira afirmativa não explica a segunda.

c) A afirmativa I está incorreta e não explica a alternativa II, e a alternativa II está correta.
d) As duas alternativas estão incorretas.

4. Os modelos explicativos do processo saúde-doença foram evoluindo com o desenvolvimento da sociedade e das ciências. Sobre o tema, analise as afirmativas a seguir.

I) O modelo mágico-religioso tinha como ponto principal o castigo dos deuses como explicação da ocorrência da doença.
II) O modelo explicativo da Determinação Social da Saúde (DSS) coloca a saúde em todas as políticas.
III) A multicausalidade tem início nas primeiras explicações empírico-racionais, realizadas por Hipócrates.
IV) O modelo biomédico é multicausal e focado na atenção individual.

Agora, assinale a alternativa correta:

a) As afirmativas I, II e III estão corretas.
b) As afirmativas II, III e IV estão corretas.
c) As afirmativas I e IV estão corretas.
d) Todas as afirmativas estão corretas.

5. A Determinação Social da Saúde (DSS) é um modelo de Dahlgren e Whitehead que inclui os determinantes sociais da saúde "dispostos em diferentes camadas concêntricas, segundo seu nível de abrangência, desde uma camada mais próxima aos determinantes individuais até uma camada distal onde se situam os macrodeterminantes" (Mendes, 2012). Tendo em vista essa afirmação, analise as afirmativas a seguir e assinale com V as verdadeiras e F as falsas:

( ) O estilo de vida e as redes comunitárias são expressões de determinação do processo saúde-doença.
( ) As condições socioeconômicas estão distantes e não podem contribuir para o processo saúde-doença.

( ) As condições individuais são desconsideradas.
( ) A renda, a escolaridade e o saneamento são importantes para a determinação do processo saúde-doença.

Agora, assinale a alternativa que apresenta a sequência correta:

a) V, F, F, V.
b) V, V, F, F.
c) F, F, V, V.
d) F, V, V, F.

Questões para reflexão

1. Notícias com propostas de cura para doenças graves são largamente difundidas, embora nem sempre com comprovação científica. Sabendo que o conhecimento científico contribuiu para a evolução do conceito de saúde, de que maneira os modelos explicativos do processo saúde-doença podem ajudar a combater trapaças?

2. A proposta da Saúde em Todas as Políticas (SeTP) visa integrar ações com o fim de melhorar a qualidade de vida das pessoas. Em sua comunidade, quais políticas deveriam ser integradas para alcançar esse objetivo?

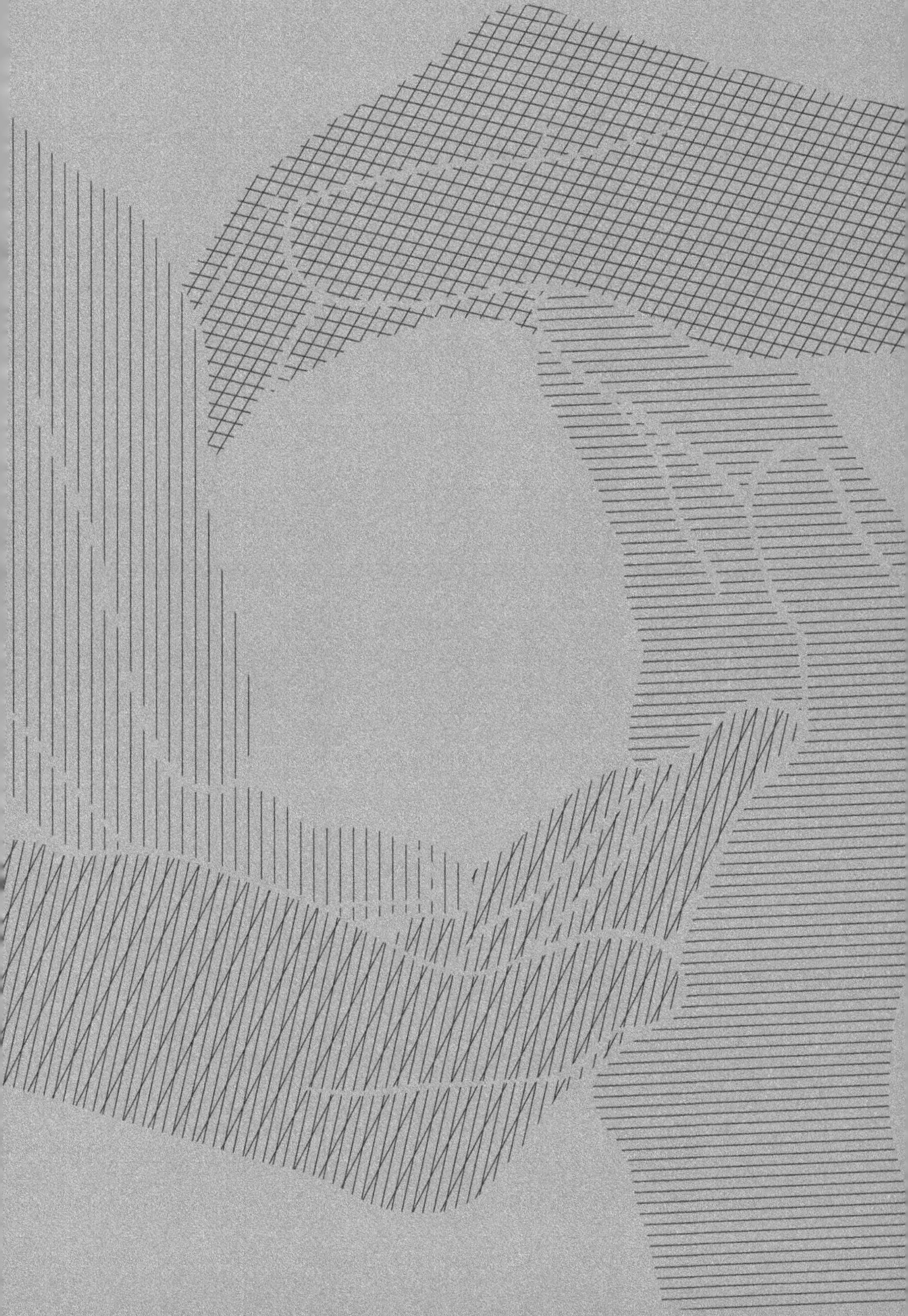

Raquel Ferraro Cubas

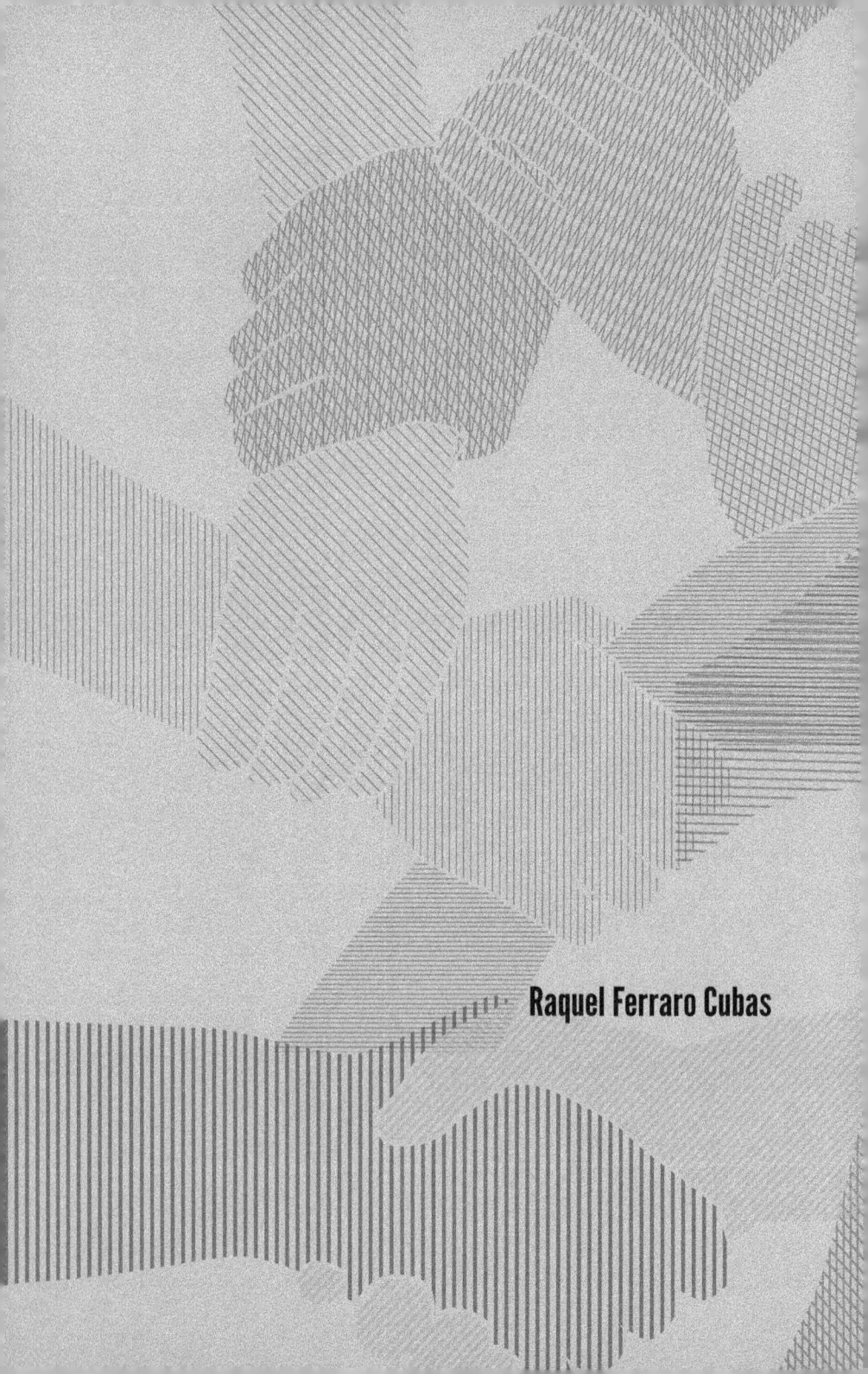

CAPÍTULO 3

Legislação, organização e funcionamento do Sistema Único de Saúde (SUS)

Conteúdos do capítulo

- Organização e funcionamento do Sistema Único de Saúde (SUS).
- Legislação do SUS.
- Controle social na saúde.

Após o estudo deste capítulo, você será capaz de:

1. definir a organização e o funcionamento do SUS;
2. compreender os princípios e as diretrizes do SUS;
3. elencar as principais leis que regem o SUS;
4. explicar como ocorre o controle social no SUS.

A inclusão da saúde como um direito de todos e um dever do Estado na Constituição Federal de 1988 (Brasil, 1988), a chamada "Constituição Cidadã", foi um marco fundamental na redefinição do papel governamental na área de saúde pública, e gerou um conjunto de leis, decretos e portarias do Ministério da Saúde voltados à organização e à implementação do Sistema Único de Saúde (SUS) nos últimos anos.

Neste capítulo, apresentaremos alguns atos que compõem esse arcabouço legal, bem como a estrutura do SUS e o papel do controle social na saúde. Também abordaremos as características fundamentais e as principais competências das conferências e dos conselhos de saúde, indicando seu processo de criação, sua estrutura e seu funcionamento. Com base nessas características, você poderá avaliar a importância da participação popular para a saúde brasileira.

3.1 Estabelecimento do SUS

O SUS teve origem em movimentos políticos e sanitários surgidos na década de 1970. É uma política pública ainda jovem, considerada como uma das principais conquistas do povo brasileiro. Como apontamos no Capítulo 1, depois de muitos anos de luta, o SUS foi instituído formalmente na Constituição Federal de 1988.

A instituição desse novo sistema produziu resultados imediatos, sendo o mais importante o fim da separação entre os incluídos e os não incluídos economicamente na assistência à saúde. Dessa forma, o SUS rompeu com a concepção de cidadania que vinculava os direitos sociais à inserção no mercado de trabalho, isto é, a assistência médica assegurada apenas aos trabalhadores formais, que contribuíam com a previdência. Os demais cidadãos, a quem não era assegurado esse direito, contavam com atendimento nos poucos serviços públicos ou filantrópicos disponíveis (Brasil, 2009a; Aguiar, 2015). Dessa forma, o SUS aumentou o acesso ao cuidado com a saúde para uma grande parcela da população brasileira.

Desde então, "o SUS tem sido capaz de estruturar e consolidar um sistema público de saúde de enorme relevância e que apresenta resultados inquestionáveis" (Brasil, 2009a, p. 13).

A rede que compõe o SUS no país é muito ampla e engloba a atenção básica, a média e a alta complexidade, os serviços de urgência e emergência, a atenção hospitalar, as ações e os serviços das vigilâncias epidemiológica, sanitária e ambiental e a assistência farmacêutica. Dessa maneira, as três esferas de governo (federal, estadual e municipal) devem fazer a gestão das ações e dos serviços de saúde de forma participativa e solidária, possibilitando ao SUS, em conjunto com as demais políticas, atuar na promoção da saúde, na prevenção de agravos e na recuperação dos doentes (Brasil, 2000).

Por que Sistema Único de Saúde?

Você já parou para refletir sobre o motivo de se utilizar a expressão "Sistema Único de Saúde"? Vamos entender!

Sistema porque não é um serviço ou uma instituição isolada, mas um conjunto de unidades, serviços e ações que interagem e contribuem para um fim comum. Esses elementos que integram o sistema referem-se às atividades de promoção, proteção e recuperação da saúde (Brasil, 1990c).

Único porque funciona em todo o Brasil, obedecendo aos mesmos princípios organizativos e à mesma doutrina, sob a responsabilidade das três esferas de governo (Gomes; Oliveira; Sá, 2008).

Por fim, a **Saúde** é aqui compreendida em seu sentido mais abrangente, como foi definida no Relatório Final da VIII Conferência Nacional de Saúde. Não é apenas ausência de doença e objeto de intervenção da medicina, mas "resultante das condições de alimentação, habitação, educação, renda, meio ambiente, trabalho, transporte, emprego, lazer, liberdade, acesso e posse de terra e acesso a serviços de saúde" (Brasil, 1986, p. 4).

3.2 Legislação e normas pertinentes ao SUS

As bases legais do SUS são originárias da Constituição Federal de 1988, que definiu os princípios e as diretrizes da política de saúde brasileira. Com base na Carta Magna, houve regulamentação da política de saúde em leis federais para a organização do sistema e a definição de sua unicidade. Desde sua promulgação, a Constituição já passou por modificações mediante as chamadas *emendas constitucionais*, algumas delas alterando e atualizando capítulos específicos da política de saúde (como no caso do financiamento, por exemplo). O SUS também é normatizado por portarias, resoluções e outros dispositivos, que serão descritos e analisados mais adiante.

Conforme já elucidamos, a proposta do SUS está vinculada a uma ideia central: todas as pessoas têm direito à saúde. O acesso é para homens e mulheres, ricos e pobres, crianças, adultos e idosos – enfim, para todos os brasileiros. Não depende de poder aquisitivo, tampouco de contribuição previdenciária. O direito à saúde está ligado à condição de cidadania.

Segundo Paim (2009), a Constituição de 1988 foi a primeira na história do Brasil a reconhecer a saúde como direito social, tendo uma seção própria e cinco artigos destinados à saúde. O SUS está descrito oficialmente no capítulo de Seguridade Social, do art. 196 ao 200 (Aguiar, 2015). Confira, a seguir, o que cada um deles determina.

> Art. 196. **A saúde é direito de todos e dever do Estado**, garantido mediante políticas sociais e econômicas que visem à redução do risco de doença e de outros agravos e ao acesso universal e igualitário às ações e serviços para sua promoção, proteção e recuperação.
> Art. 197. **São de relevância pública as ações e serviços de saúde**, cabendo ao Poder Público dispor, nos termos da lei, sobre sua

regulamentação, fiscalização e controle, devendo sua execução ser feita diretamente ou através de terceiros e, também, por pessoa física ou jurídica de direito privado.

Art. 198. As ações e serviços públicos de saúde integram uma rede regionalizada e hierarquizada e constituem um **sistema único**, organizado de acordo com as seguintes diretrizes:

I – descentralização, com direção única em cada esfera de governo;

II – atendimento integral, com prioridade para as atividades preventivas, sem prejuízo dos serviços assistenciais;

III – participação da comunidade.

§ 1º O sistema único de saúde será financiado, nos termos do art. 195, com recursos do orçamento da seguridade social, da União, dos Estados, do Distrito Federal e dos Municípios, além de outras fontes.

[...]

Art. 199. A assistência à saúde é livre à **iniciativa privada**.

§ 1º As instituições privadas poderão participar de **forma complementar** do sistema único de saúde, segundo diretrizes deste, mediante contrato de direito público ou convênio, tendo preferência as entidades filantrópicas e as sem fins lucrativos.

§ 2º É vedada a destinação de recursos públicos para auxílios ou subvenções às instituições privadas com fins lucrativos.

[...]

Art. 200. Ao sistema único de saúde compete, além de outras atribuições, nos termos da lei:

I – controlar e fiscalizar procedimentos, produtos e substâncias de interesse para a saúde e participar da produção de medicamentos, equipamentos, imunobiológicos, hemoderivados e outros insumos;

II – executar as ações de vigilância sanitária e epidemiológica, bem como as de saúde do trabalhador;

III – ordenar a formação de recursos humanos na área de saúde;

IV – participar da formulação da política e da execução das ações de saneamento básico;

V – incrementar, em sua área de atuação, o desenvolvimento científico e tecnológico e a inovação; (Redação dada pela Emenda Constitucional n. 85, de 2015)
VI – fiscalizar e inspecionar alimentos, compreendido o controle de seu teor nutricional, bem como bebidas e águas para consumo humano;
VII – participar do controle e fiscalização da produção, transporte, guarda e utilização de substâncias e produtos psicoativos, tóxicos e radioativos;
VIII – colaborar na proteção do meio ambiente, nele compreendido o do trabalho.

Fonte: Brasil, 1988, grifo nosso.

Com base nas definições estabelecidas pela Constituição Federal, foram elaboradas as **Leis Orgânicas da Saúde**: Lei n. 8.080, de 19 de setembro de 1990 (Brasil, 1990a); e Lei n. 8.142, de 28 de dezembro de 1990 (Brasil, 1990b). Estas, juntamente com a seção de saúde da Constituição Federal, constituem as bases jurídicas do SUS. A partir de sua publicação, o processo de implantação do SUS foi efetivamente iniciado. Confira, a seguir, o que cada uma delas determina.

Lei n. 8.080/1990

Responsável pela operacionalização do SUS. "Dispõe sobre as condições para a promoção, proteção e recuperação da saúde" (Brasil, 1990a) e regula as ações, a organização e o funcionamento dos serviços de saúde em todo o país.

Lei n. 8.142 – de 28 de dezembro de 1990

"Dispõe sobre a participação da comunidade na gestão do Sistema Único de Saúde (SUS) e sobre as transferências intergovernamentais de recursos financeiros na área da saúde" (Brasil, 1990b), bem como institui os conselhos e as conferências de saúde. A partir dessa lei, a atuação da sociedade no sistema de saúde ganhou uma nova dimensão, visto que ela garantiu ao SUS uma de suas principais características: o controle social,

> ou seja, a participação dos usuários (população) na gestão do serviço. Falaremos mais a respeito desse ponto ainda neste capítulo.

Ao longo dos anos, além das Leis Orgânicas, outras leis, normas e portarias vêm sendo editadas, dando continuidade ao processo de implantação do SUS, que se encontra em permanente construção. A Lei Complementar n. 141, de 13 de janeiro de 2012, por exemplo, regulamenta o parágrafo 3º do art. 198 da Constituição Federal. Ela dispõe sobre os valores mínimos a serem aplicados anualmente pela União, pelos estados, pelo Distrito Federal e pelos municípios em ações e serviços públicos de saúde:

> estabelece os critérios de rateio dos recursos de transferências para a saúde e as normas de fiscalização, avaliação e controle das despesas com saúde nas 3 (três) esferas de governo; revoga dispositivos das Leis n 8.080, de 19 de setembro de 1990, e 8.689, de 27 de julho de 1993; e dá outras providências. (Brasil, 2012a)

Já o Decreto n. 7.508, de 28 de junho de 2011, regulamentou, 21 anos depois, a Lei n. 8.080/1990, dispondo "sobre a organização do Sistema Único de Saúde – SUS, o planejamento da saúde, a assistência à saúde e a articulação interfederativa" (Brasil, 2011a).

3.3 Princípios do SUS

As diretrizes do SUS constitucionalmente estabelecidas são: descentralização, atendimento integral e participação da comunidade. Além dessas diretrizes, a construção do SUS é norteada por princípios doutrinários e organizativos, os quais apresentaremos a seguir.

3.3.1 Princípios doutrinários

Os princípios doutrinários da universalidade, da equidade e da integralidade foram definidos pela Lei n. 8.080/1990 (Brasil, 1990a).

Universalidade

A saúde é um direito de todos e cabe ao Estado assegurá-lo. O acesso às ações e aos serviços deve ser garantido a todas as pessoas, independentemente de sexo, raça, ocupação e outras características sociais ou pessoais.

Equidade

Esse princípio tem relação direta com os conceitos de igualdade e de justiça, tendo como objetivo diminuir desigualdades. Apesar de todos terem direito aos serviços, as pessoas não são iguais e, por isso, têm necessidades distintas. Em outras palavras, *equidade* significa oferecer mais a quem mais precisa e menos a quem requer menos cuidados.

Integralidade

A integralidade está relacionada à condição integral, e não parcial, de compreensão do ser humano. Esse princípio considera as pessoas como um todo, visando ao atendimento de todas as suas necessidades. Para isso, é necessária a integração de ações, incluindo a promoção da saúde, a prevenção de doenças, o tratamento e a reabilitação. Com o objetivo de alcançar melhores níveis de saúde individual e coletiva, esse princípio pressupõe a articulação da saúde com outras políticas públicas para assegurar uma atuação intersetorial entre as diferentes áreas que tenham repercussão na saúde e na qualidade de vida dos indivíduos.

3.3.2 Princípios organizativos

Os princípios organizativos da regionalização, da hierarquização, da descentralização e do comando único, além da participação social, foram definidos pela Lei n. 8.080/1990 (Brasil, 1990a).

Regionalização

Refere-se à forma de organização dos serviços planejados para determinada população e determinado território, tendo em vista critérios epidemiológicos, e com definição e conhecimento da população a ser atendida.

Hierarquização

De acordo com esse princípio, os serviços devem ser organizados em níveis crescentes de complexidade, com fluxos estabelecidos, a fim de garantir a assistência integral e resolutiva à população. O acesso preferencial à rede de serviços inicia-se pela atenção básica, que, uma vez qualificada, resolve a maior parte dos problemas de saúde da população e encaminha aos outros níveis de atenção os casos em que há necessidade de maior complexidade tecnológica.

Descentralização e comando único

Descentralizar é redistribuir poder e responsabilidade entre os três níveis de governo – federal, estadual e municipal. No SUS, a responsabilidade pela saúde deve ser descentralizada até o município, ou seja, devem ser fornecidas ao município condições gerenciais, técnicas, administrativas e financeiras para exercer essa função. Para valer o princípio da descentralização, existe a concepção constitucional do comando único, em que cada esfera de governo é autônoma e soberana em suas decisões e atividades, respeitando os princípios gerais e a participação da sociedade.

Participação popular

A sociedade deve participar no dia a dia do sistema, por meio de suas entidades representativas. Para isso, devem ser criados os conselhos e as conferências de saúde, que visam formular estratégias e controlar e avaliar a execução da política de saúde.

Para compreender melhor a participação popular e o controle social, a seguir abordaremos um tópico específico sobre esse tema.

3.4 Participação popular e controle social na saúde

A participação da comunidade na saúde é mais do que acolher elogios ou reclamações dos usuários e conhecer o grau de satisfação com o serviço prestado: é decidir coletivamente qual o caminho a ser trilhado para garantir o direito à saúde (Ávila; Pitombeira; Catrib, 2016). Desde a instituição da Lei n. 8.142/1990, a participação social foi ampliada, democratizada e passou a ser qualificada como "controle social", ou seja, controle da sociedade sobre a política de saúde (Brasil, 2013c).

A participação de representantes dos usuários e do governo, de profissionais da saúde e de prestadores de serviço deve ser paritária. A legislação federal estabeleceu normas gerais que orientam a participação da comunidade na gestão do SUS por meio das conferências e dos conselhos de saúde. Ambos constituem espaços institucionais importantes para o exercício do controle social, possibilitando à população envolver-se nas decisões, propor ações e programas para a resolução dos problemas de saúde, fiscalizar a aplicação dos recursos financeiros e avaliar a qualidade da assistência oferecida pelos serviços do SUS.

Também participam do controle social do SUS o Conselho Nacional de Secretários Municipais de Saúde (Conasems) e o Conselho Nacional de Secretários de Saúde (Conass), o qual congrega os secretários de saúde de cada estado e do Distrito Federal.

As conferências são fóruns importantes para o desenvolvimento da política de saúde brasileira. De acordo com a Lei n. 8.142/1990, elas devem acontecer a cada quatro anos, com representantes dos vários segmentos sociais, para avaliar a situação da saúde e propor diretrizes (Brasil, 1990b).

A organização das conferências obedece às diretrizes do SUS, sendo compartilhada entre todas as esferas de governo, como colegiado, e cada um de seus membros tem a mesma posição.

> As deliberações discutidas nas Conferências Nacionais de Saúde são resultantes dos debates ocorridos nos estados, através das Conferências Estaduais, que, por sua vez, resultam das propostas decorrentes das Conferências Municipais. É esta representatividade local que garante a legitimidade do evento como instância colegiada dos vários segmentos representados. As Conferências proporcionaram transformações históricas para a gestão da saúde no Brasil, como no caso da 8ª Conferência Nacional de Saúde, em 1986, cujo relatório final serviu de base para a elaboração do capítulo sobre saúde da Constituição Federal de 1988, resultando na criação do SUS. (Fiocruz, 2020b)

Importante!

Art. 1º [...]
[...]
§ 1º A Conferência de Saúde reunir-se-á a cada quatro anos com a representação dos vários segmentos sociais, para avaliar a situação de saúde e propor as diretrizes para a formulação da política de saúde nos níveis correspondentes, convocada pelo Poder Executivo ou, extraordinariamente, por esta ou pelo Conselho de Saúde.

Fonte: Brasil, 1990b.

O **Conselho de Saúde**, por sua vez, é um órgão colegiado, ou seja, é composto por pessoas com representações diversas da sociedade, sendo as decisões tomadas em grupo. Ele representa instâncias de participação popular de caráter permanente e deliberativo sobre os rumos das políticas públicas de saúde em cada esfera de governo (municipal, estadual e federal).

É composto por 50% de conselheiros, que representam os usuários do SUS; por 25% de representantes do segmento dos trabalhadores da saúde; e por 25% de gestores e prestadores de serviços. O presidente é eleito entre os membros do conselho em reunião plenária (Brasil, 2013c). A distribuição numérica de conselheiros está expressa na Figura 3.1.

Figura 3.1 – Controle social do SUS

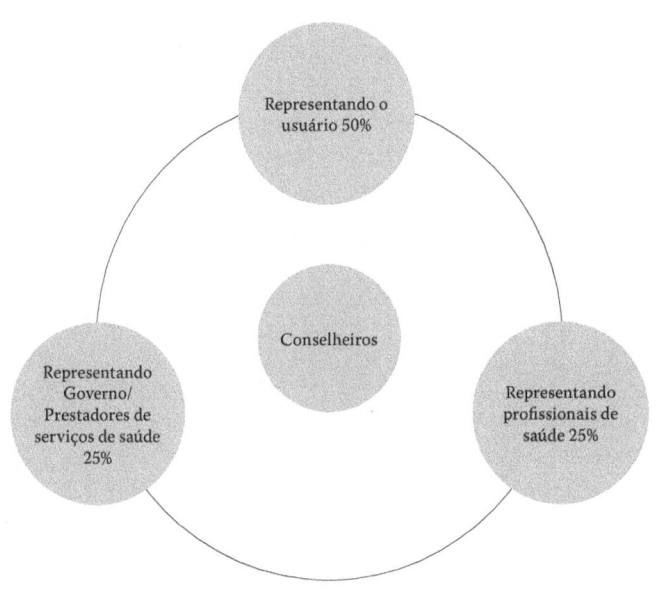

- Representando o usuário 50%
- Conselheiros
- Representando Governo/Prestadores de serviços de saúde 25%
- Representando profissionais de saúde 25%

Fonte: Brasil, 2013c, p. 43.

Importante!

Para assegurar a independência entre os poderes, os conselheiros não devem pertencer aos Poderes Legislativo e Judiciário, ou ao Ministério Público. Portanto, não devem integrar o Conselho de Saúde: vereador, deputado, juiz, senador, promotor público, promotor de justiça, etc.

Apesar de não ser recomendado que os conselheiros pertençam aos Poderes Legislativo, Judiciário, ou ao Ministério Público, é importante o estabelecimento de parcerias. Sendo assim, é interessante que tais representantes participem como convidados nas reuniões dos Conselhos de Saúde.

Fonte: Brasil, 2013c, p. 44.

Os Conselhos de Saúde estão estruturados nos três níveis de governo: existe um em cada município (Conselhos Municipais de Saúde), um em cada estado (Conselhos Estaduais de Saúde) e um no plano federal (Conselho Nacional de Saúde). Eles são essenciais e obrigatórios para o funcionamento do SUS. Por exemplo, para que os municípios recebam qualquer recurso do Ministério da Saúde ou se habilitem em seus programas, é necessário que o Conselho Municipal de Saúde exista e esteja em funcionamento (Brasil, 2000).

O que significa *permanente* e *deliberativo*?

Permanente significa que o Conselho de Saúde "deve se reunir periodicamente, preferencialmente todo mês [...]. Ser permanente também significa que o CMS deve funcionar ininterruptamente", independentemente da mudança de mandato "do prefeito ou da troca de secretário [...]. Uma vez eleito, o conselho deve cumprir todo o período de seu mandato" (Conasems et al., 2016, p. 69).

Deliberar significa decidir, determinar, definir. Vale ressaltar que "tudo que foi examinado, discutido e resolvido pelo Conselho passa a ser prioridade de trabalho para a gestão" (Conasems et al., 2016, p. 69).

Curiosidade

Como a função do conselheiro é de relevância pública, sua atuação no conselho não é remunerada.

3.4.1 Ouvidoria

A ouvidoria é uma importante forma de participação popular. As ouvidorias do SUS permitem o diálogo entre a sociedade e as diferentes instâncias de gestão. Elas contribuem para a participação do cidadão na avaliação e na fiscalização da qualidade dos serviços de saúde.

Nas ouvidorias do SUS, a manifestação do cidadão pode apresentar-se pela busca de informações e orientações em saúde e também por meio de sugestões, elogios, solicitações, reclamações ou denúncias. Diante da necessidade apresentada pelo cidadão e das responsabilidades legais do gestor, as ouvidorias orientam, encaminham, acompanham a demanda e respondem ao cidadão sobre as providências adotadas (Brasil, 2014e).

Para saber mais

A Carta dos Direitos dos Usuários da Saúde assegura ao cidadão o direito básico ao ingresso digno nos sistemas de saúde públicos e privados. Acesse a íntegra do documento em:

BRASIL. Ministério da Saúde. Conselho Nacional de Saúde. **Carta dos direitos dos usuários da saúde**. 3. ed. Brasília, 2011. Disponível em: <http://bvsms.saude.gov.br/bvs/publicacoes/cartas_direitos_usuarios_saude_3ed.pdf>. Acesso em: 6 jul. 2020.

Para ampliar seu conhecimento sobre a legislação considerada fundamental para a implantação do SUS, acesse a Coleção Para Entender a Gestão do SUS:

CONASS – Conselho Nacional de Secretários de Saúde. **Coleção Para Entender a Gestão do SUS**. Disponível em: <http://www.conass.org.br/biblioteca/>. Acesso em: 6 jul. 2020.

Síntese

Neste capítulo, apresentamos mais detalhadamente o Sistema Único de Saúde (SUS). Além da definição mais ampla de saúde, discutida na VIII Conferência Nacional de Saúde, em 1986, e presente no texto da Constituição Federal, abordamos outros conceitos importantes do SUS: o de sistema e o de unicidade. Esclarecemos também como o SUS se organiza, destacando seus princípios e suas diretrizes. Indicamos as Leis Orgânicas da Saúde e outros instrumentos jurídicos que regulamentaram o SUS e imprimiram uma nova forma de organização à saúde brasileira, redefinindo o papel do Estado. Por fim, demonstramos como funcionam as conferências e os conselhos de saúde, bem como o controle social e sua organização, evidenciando a importância deles para os rumos da política de saúde no Brasil.

Questões para revisão

1. No Sistema Único de Saúde (SUS), a saúde não é considerada apenas como ausência de doença, tendo em vista que é resultante de diversas outras condições. Quais são elas?

2. Uma política de saúde que organiza os serviços para dar atendimento diferenciado a grupos específicos, identificados como de maior vulnerabilidade, está fundamentada em qual princípio do Sistema Único de Saúde (SUS)?

3. Analise as informações a seguir sobre o controle social no Sistema Único de Saúde (SUS) e assinale com V as verdadeiras e F as falsas:

    ( ) A Lei n. 8.142/1990 trata da participação da comunidade na gestão do SUS.
    ( ) O Conselho de Saúde é formado por 50% de trabalhadores de saúde, 25% de usuários do sistema de saúde e 25% de gestores.
    ( ) As conferências municipais, estaduais e nacional de saúde devem acontecer anualmente, conforme previsto em lei.

( ) As conferências de saúde são fóruns importantes para avaliar a situação da saúde e propor as diretrizes para a formulação da política de saúde nos níveis correspondentes.

Agora, assinale a alternativa que apresenta a sequência correta:

a) F, F, V, V.
b) V, F, F, V.
c) V, F, V, F.
d) F, V, F, F.

4. Analise as afirmações a seguir sobre a legislação do Sistema Único de Saúde (SUS) e assinale com V as verdadeiras e F as falsas:

( ) O Decreto n. 7.508/1990 institui as conferências e conselhos de saúde no SUS.
( ) A Lei Complementar n. 141 trata dos valores mínimos a serem aplicados anualmente pela União, pelos estados, pelo Distrito Federal e pelos municípios em ações e serviços públicos de saúde.
( ) As Leis Orgânicas da Saúde são compostas pelas Leis n. 8.080/1090 e n. 8.142/1990.
( ) O SUS está descrito oficialmente na Constituição Federal, no capítulo sobre Seguridade Social, do art. 196 ao art. 200.

Agora, assinale a alternativa que apresenta a sequência correta:

a) F, F, V, V.
b) F, V, V, V.
c) V, V, F, V.
d) V, F, F, F.

5. Tendo em vista os princípios do Sistema Único de Saúde (SUS), correlacione as informações a seguir:

1) Universalidade
2) Integralidade
3) Participação popular
4) Hierarquização

( ) A sociedade deve participar no dia a dia do sistema por meio de suas entidades representativas. Para isso, devem ser criados os conselhos e as conferências de saúde.

( ) Os serviços devem ser organizados em níveis crescentes de complexidade, com fluxos estabelecidos, a fim de garantir a assistência integral e resolutiva à população. O acesso preferencial à rede de serviços inicia-se pela atenção básica.

( ) Considera as pessoas como um todo, atendendo a todas as suas necessidades. Para isso, é necessária a integração de ações, incluindo a promoção da saúde, a prevenção de doenças, o tratamento e a reabilitação.

( ) O acesso às ações e aos serviços deve ser garantido a todas as pessoas, independentemente de sexo, raça, ocupação e outras características sociais ou pessoais.

Agora, assinale a alternativa que apresenta a sequência correta:

a) 3, 4 ,2, 1.
b) 2, 1, 3, 2.
c) 1, 4, 3, 2.
d) 2, 3, 4, 1.

Questões para reflexão

1. Os conselhos e conferências de saúde são importantes instâncias de participação popular previstas na legislação do Sistema Único de Saúde (SUS). Que outras formas poderiam ser utilizadas para participação do cidadão no sistema de saúde?

2. Um dos princípios doutrinários do Sistema Único de Saúde (SUS) é a equidade. Você o considera importante? Por quê?

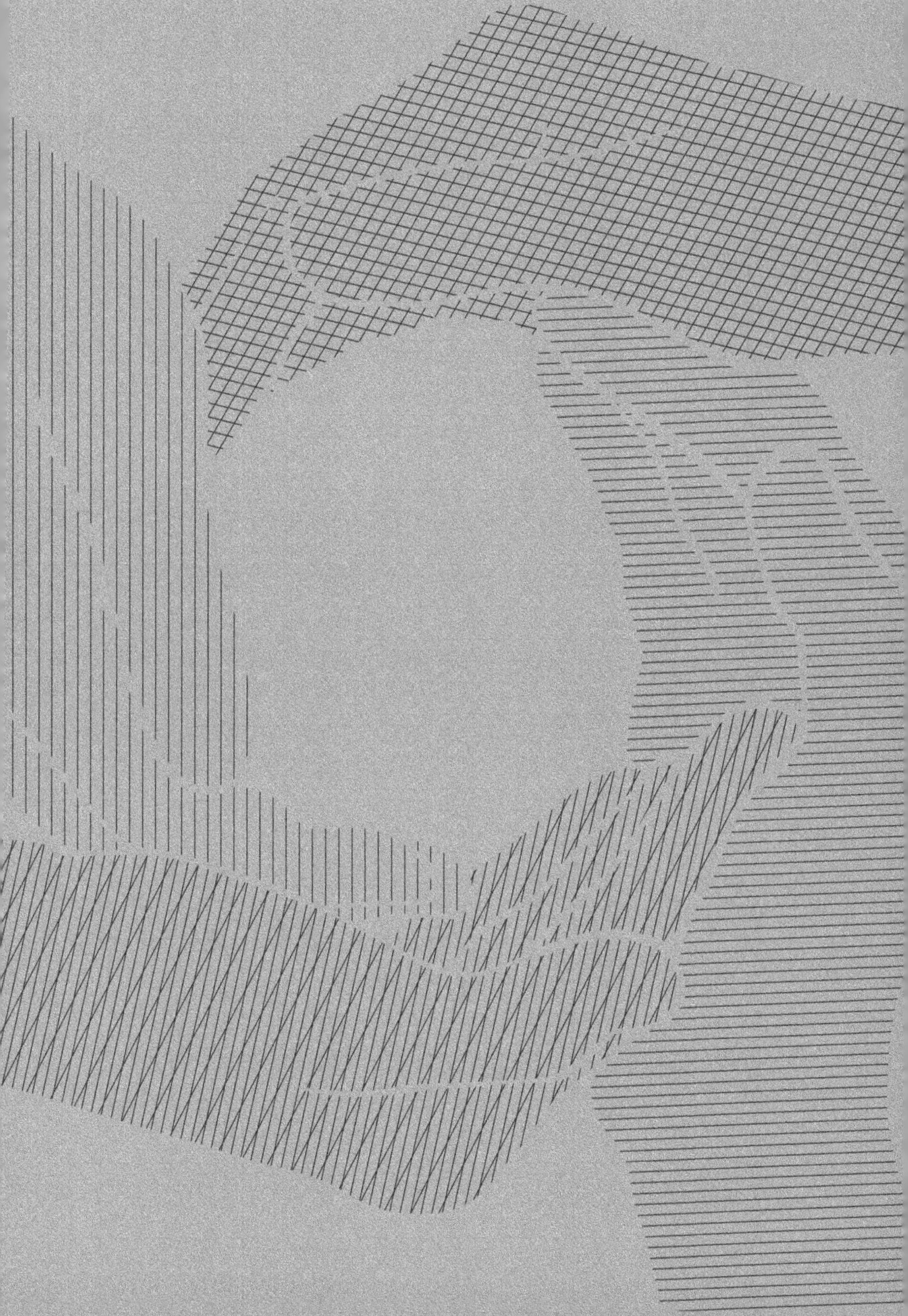

Ivana Maria Saes Busato

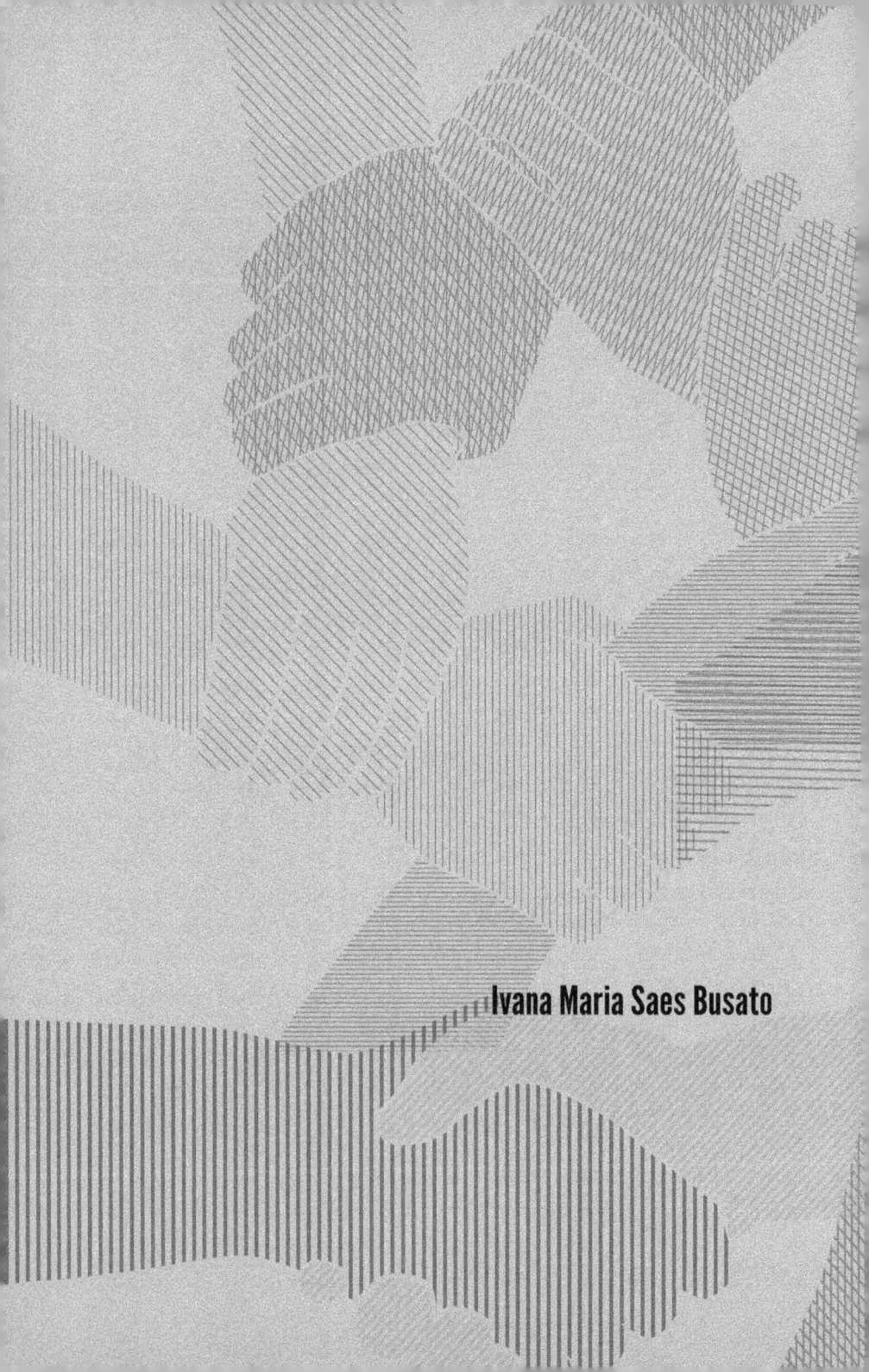

CAPÍTULO 4

Territorialização, vigilância e planejamento em saúde

Conteúdos do capítulo

- Território, territorialidade e territorialização.
- Conceito de território vivo.
- Vigilância em saúde.
- Sistema Nacional de Vigilância Epidemiológica (SNVE).
- Sistema Nacional de Vigilância Sanitária (SNVS).
- Vigilância ambiental e vigilância de saúde do trabalhador.
- Planejamento em saúde.

Após o estudo deste capítulo, você será capaz de:

1. diferenciar os conceitos de território, territorialidade e territorialização;
2. identificar os tipos de território;
3. conceituar e reconhecer o território vivo;
4. refletir sobre a territorialização e a vigilância em saúde;
5. descrever a vigilância em saúde;
6. elencar os componentes da vigilância em saúde e as responsabilidades sanitárias;
7. examinar os instrumentos de planejamento em saúde.

Neste capítulo, demonstraremos que a política de saúde é estruturada com base nos princípios de *território*, *territorialização* e *territorialidade*, que permitem a análise da situação da saúde da população, da organização da assistência, da tomada de decisão e do planejamento. A vigilância em saúde é uma ferramenta de análise e monitoramento da política de saúde em territórios, a qual promove a construção de território vivo, na atenção integral às pessoas. As vigilâncias epidemiológica, sanitária, ambiental e de saúde do trabalhador compõem a vigilância em saúde, de forma coordenada e integrada.

4.1 Território, territorialidade e territorialização

Há três princípios doutrinários do Sistema Único de Saúde (SUS) que estão contidos na frase "A saúde é direito de todos", apontada na Constituição Federal de 1988, a saber: universalidade, equidade e integralidade. Essa determinação constitucional aponta para a necessidade de organização dos serviços e das ações de saúde em um arranjo territorial integrado, sistêmico e equitativo (Faria, 2013). As diretrizes estratégicas do SUS (Lei n. 8.080, de 19 de setembro de 1990) orientaram sua organização de maneira a criar estruturas financeiras, político-organizacionais e territoriais, em especial pelos municípios (Faria, 2013). Tais diretrizes impulsionaram a definição da divisão das cidades em territórios administrativos (Busato, 2017).

O processo de descentralização e a organização dos serviços de saúde seguem os princípios da regionalização e da hierarquização (Pereira; Barcellos, 2006). Vários são os autores que explicam a delimitação de uma base territorial para o SUS. Pereira e Barcellos (2006, p. 55) apontam que esses territórios são formados por "agregações sucessivas como a área de atuação dos agentes de saúde, da equipe de saúde da família e a área de abrangência de postos de saúde". Monken e Barcellos (2005) também destacam a tendência do SUS para a territorialização, ao passo que Teixeira (1993) indica que a concepção de território foi colocada em um contexto político-administrativo específico, visando à reorganização dos serviços com base territorial/populacional, como proposta de descentralização da gestão do sistema de saúde.

Segundo Gondim et al. (2020, p. 13), há "a necessidade de definir um 'espaço geográfico' para a estruturação e organização de serviços de saúde compatíveis com as necessidades e os problemas demandados pela população". A regionalização do sistema de saúde brasileiro e a necessidade da hierarquização dos serviços de saúde promoveram a legitimação da territorialização, com a definição dos territórios dos distritos sanitários, das unidades básicas de saúde, das equipes de saúde da família e da atuação dos agentes comunitários de saúde (Busato, 2017).

4.1.1 Territorialização e territorialidade

A territorialização tem o potencial de aplicabilidade dos princípios do SUS, possibilitando maior aproximação da equipe profissional na vida cotidiana das pessoas do território, além de contribuir para realização de "práticas sanitárias efetivas – integrais e humanizadas –, que auxiliem na melhoria das condições de vida da população e na produção de saúde" (Gondim et al., 2020, p. 13).

Importante!

A territorialização assegura a universalidade do acesso, a integralidade do cuidado e a equidade da atenção (Gondim et al., 2020).

Para diferenciar *territorialidade* e *territorialização*, é necessário compreender que ambas acontecem em um mesmo território (Sack, 1983). A **territorialização** é o processo de construção do território; ela desencadeará a **territorialidade**, que se refere às estratégias realizadas pelas pessoas nos territórios.

De acordo com Santos (citado por Ferreira, 2014, p. 128), "território é o lugar em que desembocam todas as ações, todas as paixões, todos os poderes, todas as forças, todas as fraquezas, isto é, onde a história do homem plenamente se realiza a partir da manifestação da sua existência". Para entender como o território é construído, é importante compreender as relações de poder entre os atores sociais. Nesse processo, ocorrem a coesão entre pares e a interação, bem como é definida uma hierarquia, etapas que conduzem às territorialidades efetuadas pelos homens, as quais modificam constantemente essas relações do poder (Saquet, 2015).

Diante da dificuldade de diferenciar *territorialização* de *territorialidade*, faz-se útil a contribuição de Ferreira (2014), o qual pontua que a territorialidade provoca mudanças no território, deixando-o com uma identidade própria. Isso é percebido em comunidades próximas, embora com características bem distintas, visto que se trata do resultado da coletividade que vive em determinado território e nele produz, "sempre em processo dinâmico, flexível e contraditório (por isso dialético) recheado de possibilidades que só se realizam quando impressas e espacializadas no território" (Ferreira, 2014, p. 129). Estudos de indicadores geoprocessados, por sua vez, evidenciam as dinâmicas sociais diversificadas em uma mesma cidade.

A territorialidade também "pode ser definida como um conjunto de relações que se originam num sistema tridimensional sociedade-espaço-tempo" (Raffestin, citado por Ferreira, 2014, p. 129). Outros autores, como Haesbaert e Limonad (2007), apontam que a territorialidade, em tempos de globalização, tem ligação com o modo como as pessoas utilizam a terra, como se organizam no espaço e como dão significado ao lugar.

A territorialização, portanto, efetiva a produção da apropriação do território pelos diversos atores sociais, inclusive no setor da saúde, ao passo que a territorialidade diz respeito às estratégias de poder, que produzem mudanças nos aspectos econômicos, políticos e culturais para a consolidação e a construção do território.

A política de saúde organiza o território de acordo com a atenção básica e a definição das regiões de saúde. O Decreto n. 7.508, de 28 de junho de 2011, que regulamentou a Lei n. 8.080/1990, determina o seguinte:

> Art. 2º Para efeito deste Decreto, considera-se:
> I – Região de Saúde – espaço geográfico contínuo constituído por agrupamentos de Municípios limítrofes, delimitado a partir de identidades culturais, econômicas e sociais e de redes de comunicação e infraestrutura de transportes compartilhados, com a finalidade de integrar a organização, o planejamento e a execução de ações e serviços de saúde. (Brasil, 2011a)

O território da atenção básica é deliberado na Política Nacional da Atenção Básica (Pnab). A Pnab foi atualizada em 2017 e tem a territorialização com um de seus princípios. A Portaria n. 2.436, de 21 de setembro de 2017, que aprovou a Pnab, indica que a territorialização e a adstrição são formas de "permitir o planejamento, a programação descentralizada e o desenvolvimento de ações setoriais e intersetoriais com foco em um território específico, com impacto na situação, nos condicionantes e determinantes da saúde das pessoas e coletividades que constituem aquele espaço" (Brasil, 2017a). A mesma portaria, ao definir a atenção básica, afirma que "as ações de saúde individuais, familiares e coletivas" devem ser dirigidas "à população em território definido, sobre as quais as equipes assumem responsabilidade sanitária" (Brasil, 2017a).

Portanto, o território é uma dimensão obrigatória para o desenvolvimento do planejamento em saúde; a análise da situação de saúde da população; a programação em saúde; e o trabalho em rede de atenção. Dessa forma, consolida-se a definição de território como "unidade geográfica única, de construção descentralizada do SUS na execução das ações estratégicas destinadas à vigilância, promoção, prevenção, proteção e recuperação da saúde" (Brasil, 2017a).

4.1.2 Tipos de territórios

O conceito de território na política de saúde é dividido em duas correntes: a do território-solo, caracterizada pela delimitação geográfica e topográfica; e a do território-processo, que é um espaço em permanente construção.

O **território-solo** tem seus limites estabelecidos por critérios geopolíticos e administrativos, como o território dos municípios ou, até mesmo, territórios de abrangência de unidades básicas de saúde (Busato, 2017).

O **território-processo**, por sua vez, é uma crítica ao estabelecimento do território político-burocrático que considera as questões políticas, sociais e culturais e incorpora a territorialização e a territorialidade (Mendes, 1993). Trata-se do produto de uma dinâmica social em que vários sujeitos sociais (atores sociais) estão interligados, o que causa conflito constante. Por isso, o território-processo nunca está acabado, havendo permanente construção e reconstrução; sua concepção ultrapassa, portanto, o conceito de uma superfície-solo e as características geofísicas. Esse território é construído mediante a interação dos territórios econômico, político, cultural e epidemiológico (Mendes, 1993).

Dessa maneira, para o planejamento e a organização da política de saúde, é preciso considerar o território-solo e o território-processo. Segundo Tancredi, Barrios e Ferreira (1998, p. 16-17), o território "não é compreendido apenas como um espaço geográfico, mas, sim, como o local em que se dá o processo de vida da comunidade, a interação de distintos atores sociais com qualificações sociais, econômicas, culturais, políticas, epidemiológicas e históricas distintas".

Os territórios são subdivididos em diversos tamanhos, dependendo da homogeneidade da territorialização (Tancredi; Barrios; Ferreira, 1998). Assim, o **território-área**, que é o mais amplo, engloba vários territórios menores, os **territórios-microárea**, que geralmente são áreas de abrangência de equipes de saúde da família. Cada território-microárea é composto por **territórios-moradia** – as residências. O território-área é consolidado, muitas vezes, por organização administrativa, ao passo que o território-microárea é composto por uma população homogênea nas condições de vida, conforme apresentado na Figura 4.1.

Figura 4.1 – Tipos de territórios

| território-microárea | Utilizado nos territórios de cada equipe de estratégia de saúde da família para ações coletivas, com populações homogêneas e restritas. | Microunidade social em que há uma família nuclear ou extensiva. É o foco principal das equipes de estratégia de saúde da família para ações individuais e familiares. | território-moradia |

Fonte: Elaborado com base em Tancredi; Barrios; Ferreira, 1998.

Importante!

Equipe de Saúde da Família (eSF): É a estratégia prioritária de atenção à saúde e visa à reorganização da Atenção Básica no país, de acordo com os preceitos do SUS. É considerada como estratégia de expansão, qualificação e consolidação da Atenção Básica, por favorecer uma reorientação do processo de trabalho com maior potencial de ampliar a resolutividade e impactar na situação de saúde das pessoas e coletividades, além de propiciar uma importante relação custo-efetividade.

Fonte: Brasil, 2017a.

Uma das diretrizes da atenção básica é ter territórios definidos, os quais possibilitam o desenvolvimento da política de saúde e da ação de saúde pública, mediante "o estudo social, econômico, epidemiológico, assistencial, cultural e identitário, possibilitando uma ampla visão de cada unidade geográfica" (Brasil, 2017a). A Constituição Federal de 1988 determina o seguinte:

> Art. 194 A seguridade social compreende um conjunto integrado de ações de iniciativa dos Poderes Públicos e da sociedade, destinadas a assegurar os direitos relativos à saúde, à previdência e à assistência social. (Brasil, 1988)

Os direitos à saúde e à assistência social foram organizados em sistemas únicos: o SUS e o Sistema Único de Assistência Social (SUAS), com base territorial. Cabe ressaltar que é imprescindível a integração de ações entre as políticas de saúde e a assistência social, e isso exige articulação com as demais políticas públicas, por meio da intersetorialidade:

> pensar a Integralidade na política de saúde e de assistência social significa considerar a pessoa como uma totalidade, como um sujeito histórico, social, político e cultural, inserido num contexto de relações complexas e amplas, sejam elas no âmbito familiar, comunitário e na prevenção e enfrentamento de vulnerabilidades e de riscos sociais. (Camargo, 2012, p. 6)

As duas políticas da seguridade social, saúde e assistência, caminham juntas para garantir os direitos humanos, em especial a vida, com possibilidades de integração de ações e esforços, nos espaços locorregionais, e de promover melhoria da qualidade de vida.

4.2 Conceito de território vivo

As discussões mais recentes sobre o tema trouxeram para o campo da saúde Milton Santos, importante geógrafo brasileiro cujos trabalhos influenciam as concepções de território, de espaço e de saúde para a política de saúde, em especial para a saúde coletiva. Em suas contribuições, ele afirma que a configuração territorial

> é dada pelo conjunto formado pelos sistemas naturais existentes em um dado país ou numa dada área e pelos acréscimos que os homens superimpuseram a esses sistemas naturais. A configuração territorial não é o espaço, já que sua realidade vem de sua materialidade, enquanto o espaço reúne a materialidade e a vida que a anima. (Santos, 1996, p. 51)

É nesse contexto que se estabelece a concepção de território vivo. Em uma modificação e construção contínua dos sistemas naturais, o território engloba as características físicas de determinada área, bem como as marcas produzidas pelo homem. Saquet e Silva (2008, p. 32), com base nas obras de Santos, indicam o seguinte:

> O território não se apresenta como forma definitiva e organizada do espaço, porém, há sinais que permitem acreditar que o território corresponde ao palco onde se realizam as atividades criadas a partir da herança cultural do povo que o ocupa; é também uma fração do espaço local articulada ao mundial.

Os autores também reforçam o envolvimento dos atores sociais no território por meio de ações de poder, que promovem a contínua construção e desconstrução em determinado período de tempo, em um processo de territorialização.

As contribuições de Milton Santos também são explicadas por Lima e Yasui (2014, p. 593), que afirmam que "o território em sua complexidade, como espaço, processo e composição", tem a capacidade de "potencializar a relação entre serviço, cultura, produção do cuidado e produção de subjetividade". Ademais, os autores esclarecem que, nos estudos de Milton Santos,

> o território é uma categoria central. Negando a visão tradicional da geografia que considera o território como um objeto estático com suas formações naturais, apresenta-o como um objeto dinâmico, vivo, repleto de inter-relações, e propõe o detalhamento das influências recíprocas do território com a sociedade, seu papel essencial sobre a vida do indivíduo e do corpo social. (Lima; Yasui, 2014, p. 596)

A chave-mestra da territorialização para a construção de territórios fortalecidos que promovam qualidade de vida reside na integração entre as políticas públicas, em especial entre a política de saúde e a de assistência social, na busca pela defesa de direitos e pela compreensão do território vivo, respeitadas suas singularidades e similaridades, conforme apontado na Figura 4.2.

Figura 4.2 – SUS E SUAS

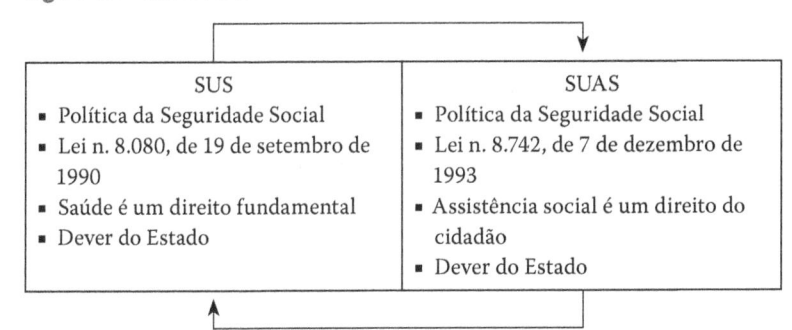

SUS	SUAS
▪ Política da Seguridade Social ▪ Lei n. 8.080, de 19 de setembro de 1990 ▪ Saúde é um direito fundamental ▪ Dever do Estado	▪ Política da Seguridade Social ▪ Lei n. 8.742, de 7 de dezembro de 1993 ▪ Assistência social é um direito do cidadão ▪ Dever do Estado

A intersetorialidade possibilita a consolidação do território-processo na política de saúde. As políticas de saúde, em conjunto com a assistência social, têm como base legal a atuação em território, o que torna ainda mais importante sua integração na busca pela compreensão do território vivo, sobre os quais as equipes têm responsabilidade. Desse modo, segundo Camargo (2012, p. 7),

> Para construirmos a intersetorialidade e efetivarmos a integralidade, devemos superar as rotinas burocráticas da saúde e da assistência social, colocando em nosso cotidiano a abertura ao diálogo, a conversa com o profissional da outra política, o sentido de complementaridade entre elas e propondo ações conjuntas, atendendo, assim, o usuário de forma mais integral.

A política de saúde somente conseguirá diminuir o impacto dos determinantes e das condicionantes do processo saúde-doença quando a intersetorialidade for implementada em todas as ações de promoção da saúde e de prevenção das doenças, visando ao melhoramento da qualidade de vida e à integralidade da assistência.

4.3 Vigilância em saúde

O trabalho com território promove uma análise da situação de saúde e permite a identificação, a descrição, a priorização e a explicação dos problemas de saúde da população, apontando a caracterização das condições de vida, de saúde e de doença de uma população em seu território específico e possibilitando o planejamento (Brasil, 2010d).

A vigilância em saúde instrumentaliza as equipes na territorialização, permitindo a obtenção e a análise de informações sobre as condições de vida e saúde da população adstrita. Nesse cenário, segundo Souza (2004), a territorialização é utilizada como um instrumento que possibilita viabilizar o território como categoria de análise social, com a observação e o monitoramento das atividades humanas (econômicas, sociais, culturais, políticas etc.). Essa análise social deve ser construída de modo a contribuir com a identificação de informações, a fim de operacionalizar as tomadas de decisão e de definir estratégias de ação nas diferentes dimensões do processo de saúde-doença (Teixeira; Paim; Vilasbôas, 1998).

Nesse contexto, Gondim et al. (2020) esclarecem que a vigilância, tanto da saúde quanto epidemiológica, sanitária e ambiental, tem como foco o controle de contextos, e não de pessoas ou lugares, a fim de se promover a saúde. Por essa razão, segundo os autores, a categoria território é "um dos elementos estruturantes de suas ações e de sua materialidade junto aos serviços de saúde e a população" (Gondim et al., 2020, p. 18).

Preste atenção!

Em 1963, Alexander Langmuir conceituou "vigilância em saúde" como a "observação contínua da distribuição e tendências da incidência de doenças mediante a coleta sistemática, consolidação e avaliação de informes de morbidade e mortalidade, assim como de outros dados relevantes, e a regular disseminação dessas informações a todos os que necessitam conhecê-la" (Brasil, 2005).

Fonte: Vigilância em Saúde, 2020.

Na década de 1970, em conformidade com as propostas trazidas pela Reforma Sanitária, surgiu a **vigilância em saúde**, visando à articulação entre o processo saúde-doença, seus determinantes e suas condicionantes. Sendo uma das correntes do planejamento estratégico em saúde no Brasil, apropriou-se da teoria e prática da territorialização e do Planejamento Estratégico Situacional para populações adstritas. Com a implantação do SUS, foi lançado um novo olhar para os territórios de saúde, a fim de possibilitar a atenção integral, com planejamento e estruturação de redes de atenção.

De acordo com as Diretrizes Nacionais da Vigilância em Saúde (Brasil, 2010c), é possível definir *vigilância em saúde* como um conjunto de ações que visam controlar fatores de risco à saúde, tendo como principal objetivo a garantia da integralidade da atenção diante dos problemas de saúde, incluindo as abordagens individual e coletiva. Seus componentes, que se integram de forma institucional por meio de órgãos do Estado nos três níveis governamentais (federal, estadual e municipal), são: vigilância ambiental, vigilância sanitária, vigilância epidemiológica e vigilância da saúde do trabalhador (Brasil, 2006b).

Figura 4.3 – Componentes da vigilância em saúde

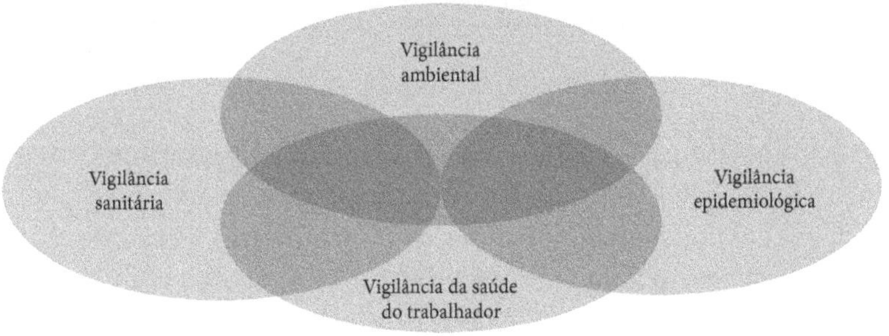

Fonte: Busato, 2016, p. 132.

Com a criação do SUS, a vigilância epidemiológica foi descentralizada para os municípios. Em 2003, ela passou a integrar a Secretaria da Vigilância em Saúde na perspectiva de trabalho conjunto entre as vigilâncias. Com a atualização dos atos normativos, em 2009 as responsabilidades nessa área foram designadas aos municípios e estados, incluindo o Distrito Federal.

Conforme apontam Teixeira, Paim e Vilasbôas (1998), a vigilância em saúde:

I. amplia o objeto da análise da situação de saúde;
II. integra a vigilância epidemiológica e sanitária;
III. induz ao modelo assistencial com redefinição das práticas sanitárias;
IV. promove a intervenção sobre problemas de saúde;
V. realiza a operacionalização do conceito de risco;
VI. promove a atuação intersetorial;
VII. promove a atuação em territórios.

> **Portaria n. 2.436, de 21 de setembro de 2017**
> Art. 5º A integração entre a Vigilância em Saúde e [a] Atenção Básica é condição essencial para o alcance de resultados que atendam às necessidades de saúde da população, na ótica da integralidade da atenção à saúde e visa estabelecer processos de trabalho que considerem os determinantes, os riscos e danos à saúde, na perspectiva da intra e intersetorialidade.

Fonte: Brasil, 2017a.

Nesse contexto, a vigilância em saúde induz à realização da territorialização na construção do território vivo, explorando as modificações dos sistemas naturais, as características físicas e as transformações ocasionadas pelo homem. De acordo com Teixeira, Paim e Vilasbôas (1998), a territorialização mediante a análise da situação de saúde das pessoas, integrando informações das condições de vida, possibilita a realização do processo de planejamento e programação local. Para Santos e Silveira (2001), o território modificado continuamente é fundamental para a territorialização em vigilância em saúde.

4.3.1 Sistema Nacional de Vigilância Epidemiológica (SNVE)

O Sistema Nacional de Vigilância Epidemiológica (SNVE) integra as vigilâncias epidemiológicas de cada ente federado, nos âmbitos federal, estadual e municipal, regulamentadas por portarias do Ministério da Saúde. Como componente da vigilância em saúde, tem o papel de estudar, conhecer e monitorar os determinantes e condicionantes do processo saúde-doença, individual e coletivamente, bem como o de propor medidas de promoção, prevenção e controle das doenças (Brasil, 2010d). Também executa atividades de coleta e processamento de dados; análise e interpretação dos dados processados; divulgação das informações; investigação epidemiológica de casos e surtos; análise dos resultados obtidos; e recomendações e promoção das medidas de controle indicadas (Brasil, 2010d).

Esse sistema necessita de informações estratégicas para a política de saúde. Alguns tipos de dados são imprescindíveis, a exemplo dos dados demográficos que mostram a caracterização da população (como idade e sexo); dos dados ambientais (como informações sobre saneamento ambiental e áreas de risco); dos dados socioeconômicos coletados para compor o perfil da população (como renda, escolaridade, morbidade, número de casos, incidência, prevalência, letalidade de doenças e agravos de interesse); e dos dados referentes à mortalidade (geral, por doenças, por faixa etária etc.) (Brasil, 2009b).

Para compreendermos a vigilância epidemiológica, precisamos conhecer a epidemiologia, área que se dedica ao estudo do processo saúde-enfermidade na sociedade, analisando a distribuição populacional e os fatores determinantes do risco de doenças, agravos e eventos associados à saúde (Almeida Filho; Rouquayrol, 2003). Como ciência prática, a epidemiologia é utilizada para a tomada de decisão, propondo medidas específicas de prevenção, controle ou erradicação de enfermidades, danos ou problemas de saúde, bem como de proteção, promoção ou recuperação da saúde individual e coletiva, produzindo informação e conhecimento para apoiar a tomada de decisão no planejamento, na administração e na avaliação de sistemas, programas, serviços e ações de saúde (Almeida Filho; Rouquayrol, 2003).

Por recomendação da 5ª Conferência Nacional de Saúde, realizada em 1975, o Ministério da Saúde instituiu o SNVE, por meio de legislação específica (Lei n. 6.259, de 30 de outubro de 1975; e Decreto n. 78.231, de 12 de agosto de 1976).

A Lei n. 6.259/1975 define o seguinte:

> Art. 1º [...] o Ministério da Saúde coordenará as ações relacionadas com o controle das doenças transmissíveis, orientando sua execução inclusive quanto à vigilância epidemiológica, à aplicação da notificação compulsória, ao programa de imunizações e ao atendimento de agravos coletivos à saúde, bem como os decorrentes de calamidade pública. (Brasil, 1975)

O Decreto n. 78.231/1976 regulamentou a citada lei e incluiu o Programa Nacional de Imunizações na vigilância epidemiológica, que antes funcionava de forma independente, para organização das ações e normatização, além de monitoramento dos eventos adversos (Brasil, 1976).

A Lei n. 8.080/1990, por sua vez, regulamentou o SUS, redefinindo o papel da vigilância epidemiológica:

> Art. 6º [...]
>
> [...]
>
> § 2º Entende-se por vigilância epidemiológica um conjunto de ações que proporcionam o conhecimento, a detecção ou prevenção de qualquer mudança nos fatores determinantes e condicionantes de saúde individual ou coletiva, com a finalidade de recomendar e adotar as medidas de prevenção e controle das doenças ou agravos. (Brasil, 1990a)

Além disso, a lei ampliou o conceito e as ações de vigilância epidemiológica, que começaram a fazer parte da estruturação do SUS, passando a ser operacionalizadas em um contexto de reorganização do sistema de saúde brasileiro, caracterizado pela descentralização de responsabilidades, pela universalidade, pela integralidade e pela equidade na prestação de serviços.

As normas técnicas, orientações e regulamentações do SNVE encontram-se resumidas no *Guia de vigilância epidemiológica*, o qual aponta o seguinte:

> Todo sistema de vigilância epidemiológica, para ser efetivo, deve ser permanentemente atualizado, incorporando as inovações científicas e tecnológicas que reconhecidamente são capazes de imprimir melhorias à sua abrangência e qualidade, especialmente aquelas que elevam o impacto epidemiológico de suas ações. (Brasil, 2009b, p. 13)

Ainda segundo o guia, a vigilância epidemiológica depende da coleta de dados confiáveis, que possam ser transformados em informação que sustente a tomada de decisão. Essa coleta para o SNVE ocorre em todos os níveis de atuação do sistema de saúde, por meio de diversificadas fontes e serviços públicos e privados, devendo acontecer no ponto de ocorrência do evento sanitário. Há tipos específicos de dados que são sistematicamente coletados entre as diversas fontes para a produção de informação: demográficos, ambientais e socioeconômicos, dados de morbidade e mortalidade, e notificações compulsórias.

A notificação compulsória é a principal fonte de informação para a vigilância epidemiológica. Desde a Lei n. 6.259/1975 e o Decreto n. 78.231/1976, foram instrumentalizados e regulamentados o fluxo e a obrigatoriedade da notificação de doenças transmissíveis, que são regularmente atualizadas. É caracterizada como a "comunicação obrigatória à autoridade de saúde, realizada pelos médicos, profissionais de saúde ou responsáveis pelos estabelecimentos de saúde, públicos ou privados, sobre a ocorrência de suspeita ou confirmação de doença, agravo ou evento de saúde pública, podendo ser imediata ou semanal" (Brasil, 2016a).

A Portaria n. 204, de 17 de fevereiro de 2016, apresenta as seguintes definições de agravo e de evento de saúde pública:

> Art. 2º [...]
>
> I – agravo: qualquer dano à integridade física ou mental do indivíduo, provocado por circunstâncias nocivas, tais como acidentes, intoxicações por substâncias químicas, abuso de drogas ou lesões decorrentes de violências interpessoais, como agressões e maus tratos, e lesão autoprovocada;

[...]

> V – evento de saúde pública (ESP): situação que pode constituir potencial ameaça à saúde pública, como a ocorrência de surto ou epidemia, doença ou agravo de causa desconhecida, alteração no padrão clínicoepidemiológico das doenças conhecidas, considerando o potencial de disseminação, a magnitude, a gravidade, a severidade, a transcendência e a vulnerabilidade, bem como epizootias ou agravos decorrentes de desastres ou acidentes; (Brasil, 2016a)

Doenças, agravos ou eventos de notificação compulsória são situações que apresentam um grande potencial de disseminação, vulnerabilidade e disponibilidade de medidas de controle, além de grande nível de ameaça à população. Eles são notificados e registrados no Sistema de Informação de Agravos de Notificação (Sinan) por meio de ficha de notificação. Os estados e municípios podem deliberar por acrescentar doenças, eventos ou agravos de notificação de interesse específico.

Para compor a lista de notificação compulsória, as doenças, os agravos e os eventos são escolhidos por critérios técnicos, sendo necessária revisão periódica, levando-se em consideração a situação epidemiológica, a emergência de novos agentes e o Regulamento Sanitário Internacional (RSI).

Lista Nacional de Notificação Compulsória[1]

- Botulismo
- Cólera
- Coqueluche
- Dengue
- Difteria
- Doença de Chagas aguda
- Doença de Creutzfeldt-Jakob
- Doença invasiva por *Haemophilus Influenza*
- Doença meningocócica e outras meningites

---

[1] Nesta lista também estão incluídos acidentes por animal peçonhento e por animal potencialmente transmissor da raiva.

- Doenças com suspeita de disseminação intencional (antraz pneumônico; tularemia; varíola)
- Doenças febris hemorrágicas emergentes/reemergentes (arenavírus; ebola; marburg; lassa; febre purpúrica brasileira)
- Doença aguda pelo vírus Zika
- Esquistossomose
- Febre amarela
- Febre de Chikungunya
- Febre maculosa
- Febre tifoide
- Hanseníase
- Hantavirose
- Hepatites virais
- HIV/AIDS
- *Influenza* humana
- Intoxicação exógena (por substâncias químicas, incluindo agrotóxicos, gases tóxicos e metais pesados)
- Leishmaniose
- Leptospirose
- Malária
- Poliomielite
- Peste
- Raiva humana
- Síndrome da rubéola congênita
- Sarampo
- Rubéola
- Sífilis
- Síndrome da paralisia flácida aguda
- Síndrome respiratória aguda grave associada ao Coronavírus (SARS-CoV; MERS-CoV)
- Tétano
- Toxoplasmose
- Tuberculose
- Varicela

Fonte: Elaborado com base em Brasil, 2017b.

Para a vigilância da saúde do trabalhador, estão listados para notificação compulsória o acidente de trabalho com exposição a material biológico e acidente de trabalho grave, fatal e com crianças e adolescentes. A Portaria n. 104, de 25 de janeiro de 2011 (Brasil, 2011b), incluiu as violências doméstica e sexual e/ou outras violências na lista de notificação compulsória, e a Portaria n. 1.271, de 6 de junho de 2014 (Brasil, 2014b), incluiu a notificação imediata (em até 24 horas) para os casos de violência sexual e tentativa de suicídio, em âmbito municipal (Brasil, 2017c).

Preste atenção!

Postura acolhedora e resolutiva precisa ser uma prática de todos os profissionais que entram em contato com pessoas em situação de violência.

Importante!

A Organização Mundial da Saúde (OMS), no *Relatório mundial sobre violência e saúde*, apresentou a seguinte definição de violência: "O uso intencional de força física ou do poder, real ou em ameaça, contra si próprio, contra outra pessoa, ou contra um grupo ou uma comunidade, que resulte ou tenha grande possibilidade de resultar em lesão, morte, dano psicológico, deficiência de desenvolvimento ou privação" (OMS, 2002, p. 5). Esse mesmo relatório apresenta as principais tipologias de violência que o profissional que trabalha com pessoas em situação de vulnerabilidade deve conhecer. São elas:

- **Violência autoinfligida (autoprovocada)**: é composta pelas tentativas de suicídio, pela autoflagelação, pela autopunição e pela automutilação.
- **Violência coletiva**: é subdividida em social, política e econômica. Caracteriza-se pela subjugação/dominação de grupos e do Estado, como ocorre em guerras, ataques terroristas ou formas de manutenção das desigualdades sociais, econômicas, culturais, de gênero, etárias e étnicas.

- **Violência interpessoal:** aquela ocasionada por outra pessoa. É separada em violência intrafamiliar e violência comunitária ou extrafamiliar.

A vigilância epidemiológica, em todos os níveis (nacional, estadual e municipal), tem a obrigação de tomar parte no RSI.

Confira, a seguir, algumas definições referentes ao papel do RSI.

O que é o RSI?

O RSI é o marco legal aprovado pelos países na 58ª Assembleia Mundial da Saúde, que estabelece os procedimentos para proteção contra a disseminação internacional de doenças. A primeira versão do Regulamento foi instituída em 1951, sendo revisada em 1969, sofrendo alterações até a publicação de 2005.

Fonte: Brasil, 2016b, p. 15.

O propósito e a abrangência do presente regulamento são prevenir, proteger, controlar e dar uma resposta de saúde pública contra a propagação internacional de doenças, de maneira proporcional e restrita aos riscos para a saúde pública, evitando interferências desnecessárias no tráfego e no comércio internacionais.

Fonte: Brasil, 2009b, p. 54.

O RSI tem como finalidade aumentar a segurança sanitária mundial com a mínima interferência nas viagens e comércio internacional. Ao adotá-lo, a comunidade internacional concordou em trabalhar em conjunto para cumprir esses desafios. Ele é juridicamente obrigatório em qualquer Estado-membro da Organização Mundial da Saúde (OMS).

Fonte: Busato, 2016, p. 174.

Como é possível perceber, o RSI visa à proteção da saúde no âmbito mundial e à prevenção de pandemias. Contudo, para alcançar êxito, é necessária a participação de cada um dos países-membros na regulamentação, na fiscalização e nas ações concretas, de modo a garantir o bloqueio da propagação de doenças potencialmente sujeitas à pandemia. Assim, como o RSI ainda carece de novas regulamentações, a OMS precisa que a importância de seu papel seja reconhecida.

4.3.2 Sistema Nacional de Vigilância Sanitária (SNVS)

Na Constituição Federal de 1988, a saúde foi apontada como direito fundamental do ser humano e definida como atribuição do Estado, que atua no papel de provedor. A vigilância sanitária foi regulamentada na Lei n. 8.080/1990:

> Art. 6º [...]
>
> [...]
>
> § 1º Entende-se por vigilância sanitária um conjunto de ações capaz de eliminar, diminuir ou prevenir riscos à saúde e de intervir nos problemas sanitários decorrentes do meio ambiente, da produção e circulação de bens e da prestação de serviços de interesse da saúde. (Brasil, 1990a)

A abrangência da vigilância sanitária contempla desde a produção e logística de produtos de interesse da saúde até o controle de bens de consumo e prestação de serviços que possam provocar algum tipo de dano à saúde das pessoas (Brasil, 2010c).

A Lei n. 9.782, de 26 de janeiro de 1999, que já definia o Sistema Nacional de Vigilância Sanitária (SNVS), criou a Agência Nacional de Vigilância Sanitária (Anvisa), a qual passou a integrar a vigilância em saúde, reforçando a prevenção e a promoção da saúde. Como atividade exclusivamente estatal, a vigilância foi descentralizada nas três esferas de governo, formando um sistema de responsabilidade compartilhada (Brasil, 1999).

Para saber mais

A Anvisa executa as atividades de vigilância sanitária do Governo Federal, em especial a Regulamentação da Vigilância Sanitária brasileira.
ANVISA – Agência Nacional de Vigilância Sanitária. Disponível em: <http://portal.anvisa.gov.br/>. Acesso em: 6 jul. 2020.

Nesse contexto, ficou definido pela Lei n. 9.782/1999 que a Anvisa assumiria: as obrigações de controle sanitário de portos, aeroportos, fronteiras e recintos alfandegados; as ações afeitas à área de relações internacionais; a promoção de estudos e manifestação sobre a concessão de patentes de produtos e processos farmacêuticos previamente à anuência pelo Instituto Nacional da Propriedade Industrial (Inpi); as atividades de monitoramento de produtos pós-mercado, de regulação de mercado e de monitoramento da propaganda (Brasil, 1999).

A competência da União para legislar sobre a vigilância sanitária estabelece normas e regulamentos gerais de alcance nacional por meio da Anvisa, responsável por dar suporte para todas as atividades da área no país. As normas sanitárias são expressas no Código Sanitário, e cada esfera de governo estabelece, por lei, seu código sanitário específico, conforme a legislação vigente (Brasil, 1999).

Costa e Rozenfeld (2000, p. 19), ao abordarem as origens históricas da vigilância, afirmam o seguinte: "Povos antigos, como os babilônios e os hindus, estabeleceram preceitos morais e religiosos – fixados nos códigos de Hamurabi e de Ur-Namu, respectivamente – e regras sobre a conduta dos profissionais que tratavam das doenças". As autoras também esclarecem que a preocupação com práticas desonestas de comerciantes, o aumento de custos ao consumidor e o impacto na prestação de serviço fizeram surgir na Índia, em 300 a.C., "uma lei [que] proibiu a adulteração de alimentos, medicamentos e perfumes" (Costa; Rozenfeld, 2000, p. 19). Mais adiante, no período das grandes navegações, imperou a necessidade de controle e saneamento do meio ambiente nos portos.

No Brasil, a "chegada da família real portuguesa em 1808 desencadeou profundas mudanças, relacionadas [...] com as necessidades de aumentar a produção, defender a terra e cuidar da saúde da população" (Costa; Rozenfeld, 2000, p. 23). De acordo com Eduardo (1998), houve mudanças com a chegada da família real no Brasil, como a implantação das primeiras ações de vigilância sanitária, a elaboração de normas oficiais, o licenciamento de estabelecimentos, a orientação educativa e outras ações que permitiam a fiscalização e a aplicação de medidas para a proteção da saúde da população.

A prática da vigilância sanitária engloba quatro dimensões:

> a. A dimensão política: como uma prática de saúde coletiva, de vigilância da saúde, instrumento de defesa do cidadão [...].
>
> b. A dimensão ideológica, que significa que a vigilância deverá responder às necessidades determinadas pela população, mas enfrenta os atores sociais com diferentes projetos e interesses.
>
> c. A dimensão tecnológica, referente à necessidade de suporte de várias áreas do conhecimento científico, métodos, técnicas, que requerem uma clara fundamentação epidemiológica para seu exercício. [...]
>
> d. A dimensão jurídica, que a distingue das demais práticas coletivas de saúde, conferindo-lhe importantes prerrogativas expressas pelo seu papel de polícia e pela sua função normatizadora. (Eduardo, 1998, p. 5)

No Quadro 4.1, a seguir, estão listados os objetivos, as ações e as responsabilidades da vigilância sanitária.

Quadro 4.1 – **Ações, responsabilidades e objetivos da vigilância sanitária por estrutura governamental**

Ações de Visa	Responsabilidade	Objeto	Objetivo
Normalização	Anvisa, Estados, DF, Municípios.	Produtos: alimentos, insumos, medicamentos, sangue e derivados, produtos de interesse da saúde, equipamentos etc. Estabelecimentos que lidam com os produtos de interesse da saúde e os processos produtivos. Estabelecimentos de saúde e de interesse da saúde e os processos de trabalho.	Estabelecer regras para padronização de atividades e de objetos específicos, com o objetivo de prevenir, minimizar e eliminar riscos à saúde da população e dos trabalhadores e ao meio ambiente.
Registro	Anvisa.	Produtos: medicamentos, produtos de interesse da saúde, alimentos industrializados, água mineral, equipamentos etc.	Analisar aspectos relativos à qualidade, segurança e eficácia dos produtos.
Cadastramento	Municípios, Estados, DF, Anvisa.	Estabelecimentos que lidam com alimentos, medicamentos, produtos de interesse da saúde. Estabelecimentos assistenciais de saúde e de interesse da saúde. Fontes de abastecimento de água para consumo humano. Produtos: alimentos, medicamentos, produtos de interesse da saúde etc.	Manter cadastro atualizado para planejamento de ações.

(continua)

(Quadro 4.1 – continuação)

Licenciamento	Estados, DF, Municípios.	Estabelecimentos que lidam com alimentos, medicamentos, produtos de interesse da saúde. Estabelecimentos assistenciais de saúde e de interesse da saúde.	Verificar o cumprimento das normas e regulamentos técnicos, inclusive quanto aos aspectos relacionados à estrutura e ao processo de trabalho.
Autorização de Funcionamento	Anvisa.	Estabelecimentos que lidam com alimentos, medicamentos, produtos de interesse da saúde. Estabelecimentos assistenciais de saúde e de interesse da saúde.	
Fiscalização	Anvisa.	Produtos de interesse da saúde em trânsito de uma para outra Unidade Federativa. Produtos de interesse da saúde importados e exportados.	Verificar o cumprimento de normas e regulamentos técnicos, induzir à adoção de aprimoramentos com vistas à melhoria da segurança e qualidade dos serviços prestados, dos processos produtivos e dos produtos de interesse da saúde.
	Anvisa, Estados, DF, Municípios.	Produtos de interesse da saúde produzidos ou expostos ao consumo na área da respectiva jurisdição. Estabelecimentos relacionados aos produtos de interesse da saúde. Estabelecimentos de saúde e de interesse da saúde. Meio ambiente e ambientes de trabalho.	

(Quadro 4.1 – conclusão)

Monitoramento dos produtos e serviços	Anvisa, Estados, DF, Municípios.	Produtos de interesse da saúde considerados de risco – passíveis de maior contaminação, adulteração, ou coletados para segmentos vulneráveis etc.	Acompanhar ao longo do tempo se os produtos obedecem às especificações determinadas e declaradas quando forem de registro obrigatório.
Monitoramento do mercado	Anvisa.	Preços dos produtos no mercado	Acompanhar os preços dos produtos no mercado.
Monitoramento da publicidade	Anvisa, Estados, DF, Municípios.	Publicidade e propaganda.	Verificar o cumprimento das normas específicas
Investigação de surtos e agravos	Anvisa, Estados, DF, Municípios.	Surtos ou agravos à saúde relacionados ao consumo de alimentos, medicamentos, utilização de serviços e tecnologias de saúde, relacionados aos ambientes e processos de trabalho.	Identificar agente causador ou origem de eventos danosos, adotar medidas preventivas e de controle.
Atendimento a denúncias	Anvisa, Estados, DF, Municípios.	Reclamações de cidadãos envolvendo os produtos, serviços, ambiente, condições de trabalho etc.	Identificar os problemas nos serviços ou os desvios de qualidade, adulterações e outros problemas relacionados aos produtos e adotar as medidas de correção e controle.

Fonte: Brasil, 2011i, p. 45-46.

As ações de vigilância sanitária são realizadas nas três esferas de governo, mediante responsabilidades compartilhadas, e pertencem ao grupo de atividades de Estado que impactam a economia, em especial a implantação de atividades econômicas. Como já mencionamos, qualquer empresa de interesse à saúde, ou que tenha implicações na saúde humana, depende da licença sanitária. No conjunto de obrigações de registro e legalização de empresas e negócios estão:

I. Órgãos de Registro (Juntas Comerciais, Cartórios de Registro Civil de Pessoas Jurídicas e OAB);
II. Administrações tributárias nos âmbitos federal, estadual e municipal;
III. órgãos licenciadores, em especial o Corpo de Bombeiros, a Vigilância Sanitária e o Meio Ambiente.

Os governos estaduais, municipais e federal e o Distrito Federal participam da Rede Nacional para a Simplificação do Registro e da Legalização de Empresas e Negócios (Redesim), criada pelo Governo Federal por meio da Lei n. 11.598, de 3 de dezembro de 2007 (Brasil, 2007a). A Redesim tem por premissa básica abreviar e simplificar determinados procedimentos, diminuindo o tempo e o custo para o registro e a legalização de pessoas jurídicas e reduzindo a burocracia ao mínimo necessário. Essa simplificação facilita o registro, a inscrição, a alteração, a baixa e o licenciamento das pessoas jurídicas por meio de uma única entrada de dados e de documentos (Brasil, 2007a).

Importante!

O exercício da cidadania é efetivado ao se exigir qualidade nos serviços da área da saúde.

Para saber mais!

A desburocratização é um desafio para as administrações públicas. Por isso, a proposta da Redesim é proporcionar maior facilidade para empreendedores verificarem se é possível realizar a atividade desejada no local pretendido, para abrir um negócio de interesse do setor da saúde.
BRASIL. **Redesim**. Disponível em: <http://www.redesim.gov.br/>. Acesso em: 6 jul. 2020.

4.3.3 Sistema Nacional de Vigilância Ambiental e Vigilância da Saúde do Trabalhador

Na criação do SUS, as ações de vigilância epidemiológica eram restritas ao controle de doenças transmissíveis, e as da vigilância sanitária eram conduzidas pelo Ministério da Saúde. A vigilância ambiental era praticamente inexistente no sistema público de saúde, e a saúde do trabalhador ficava restrita às questões previdenciárias. A mudança ocorreu com a integração das vigilâncias em saúde e com a atualização do conceito de saúde.

Em 2004, a Portaria Ministerial n. 1.172, de 15 de junho de 2004, foi publicada (Brasil, 2004b). Esse novo instrumento normativo, indicativo dos esforços de aprimoramento do processo de descentralização das ações de vigilância, possibilitou incluir as vigilâncias ambiental e de saúde do trabalhador no âmbito do SUS e integrar as ações de vigilância em saúde de municípios.

> A vigilância em saúde ambiental visa ao conhecimento e à detecção ou prevenção de qualquer mudança nos fatores determinantes e condicionantes do ambiente que interferiram na saúde humana; recomendar e adotar medidas de prevenção e controle dos fatores de risco, relacionados às doenças e outros agravos à saúde [...]. (Brasil, 2010c, p. 19)

As prioridades das ações de vigilância ambiental no SUS são: (1) o controle da qualidade da água de consumo humano, de doenças e agravos que podem ser provocados pela qualidade do ar e do solo e de fatores físicos ambientais; e (2) a atenção aos desastres de origem natural, à contaminação por produtos químicos e aos acidentes com produtos perigosos. No ambiente de trabalho, a vigilância ambiental também fiscaliza os impactos dos riscos ao trabalhador (Brasil, 2010d).

Uma das principais atividades da vigilância ambiental é a supervisão da água e do solo, organizada pelo Sistema de Informação de Vigilância da Qualidade da Água para Consumo Humano (Sisagua), que fornece "informações sobre a qualidade da água para consumo humano, proveniente dos sistemas públicos e privados, e de soluções alternativas de abastecimento" (Brasil, 2009b, p. 75).

Os desastres naturais e suas consequências, por sua vez, são acompanhados pela Vigilância em Saúde Ambiental dos Riscos Decorrentes dos Desastres Naturais (Vigidesastres). Com condutas articuladas pelos órgãos que integram o Sistema Nacional de Defesa Civil (Sindec), as iniciativas da saúde têm como principal objetivo "desenvolver um conjunto de ações continuadas para reduzir a exposição da população aos riscos de desastres com ênfase nos desastres naturais, inundações, deslizamentos, secas e incêndios florestais, assim como a redução das doenças e agravos decorrentes dos mesmos" (Brasil, 2011h, p. 222). Já seus objetivos específicos são:

- Estruturar e habilitar, em especial a Vigilância em Saúde Ambiental, para a gestão dos desastres naturais no setor saúde.
- Garantir que os sistemas, procedimentos e recursos físicos, humanos, financeiros e tecnológicos estejam preparados para proporcionar uma assistência rápida e efetiva às vítimas de desastres naturais, facilitando, assim, as medidas de socorro e o restabelecimento da infraestrutura dos serviços relacionados com a saúde e o bem-estar da população.
- Reduzir os danos à infraestrutura sanitária e de saúde. (Brasil, 2011h, p. 222)

Quanto à vigilância da saúde do trabalhador, ela é definida como um conjunto de atividades que têm como objetivo tanto promover e proteger quanto recuperar e reabilitar a saúde dos indivíduos submetidos aos riscos e agravos advindos das condições de trabalho. Suas ações envolvem: a assistência ao trabalhador vítima de acidente de trabalho ou portador de doença profissional ou do trabalho; e estudos, pesquisas, avaliação e controle de riscos e agravos potenciais à saúde (Brasil, 2011i).

O conceito de **saúde do trabalhador** considera que: "Os trabalhadores sofrem de adoecimentos que são próprios da forma como estão inseridos nos espaços produtivos" (Brasil, 2011h, p. 234). Nesse contexto, o perfil de adoecimento e morte amplia a análise da situação de saúde de uma população em um período de tempo e em um território específico, trazendo novas necessidades particulares de atuação no âmbito do trabalho. Os principais fatores de risco são classificados em físicos, químicos, biológicos, organizacionais e psicossociais, além dos mecânicos e de acidentes, conforme demonstra o Quadro 4.2, a seguir.

Quadro 4.2 – Características dos riscos à saúde do trabalhador no ambiente de trabalho

Riscos	Características
Riscos Físicos	Radiação ionizante e não ionizante, temperaturas extremas (frio, calor), pressão atmosférica anormal, dentre outros.
Riscos Químicos	Agentes e substâncias químicas sob as formas de líquido, gases, névoas, neblinas, partículas e poeiras minerais e vegetais.
Riscos Biológicos	Vírus, bactérias, parasitas em geral.
Riscos Organizacionais (ergonômicos) e Psicossociais	Decorrem da organização e gestão do trabalho, do trabalho em turnos e noturno, monotonia ou ritmo de trabalho excessivo, exigências de produtividade, relações de trabalho conflituosas, insatisfação/frustração, falhas no treinamento e supervisão etc.
Riscos Mecânicos e de Acidentes	Estão ligados à proteção das máquinas, arranjo físico do espaço, ordem e limpeza do ambiente de trabalho, falta de sinalização, rotulagem de produtos inadequada e outros que podem predispor os acidentes do trabalho.

Fonte: Brasil, 2011h, p. 237-238.

O conhecimento da morbidade e da mortalidade dos trabalhadores no ambiente de trabalho foi ampliado, de modo a possibilitar a efetiva vigilância da saúde do trabalhador pela política de saúde. "Para estudos, análises e estatísticas [de saúde do trabalhador] utilizam-se dados produzidos pelo INSS, a partir das CAT [Comunicação de Acidente de Trabalho], ou informações isoladas, produzidas ambulatorialmente pelos Serviços e Centros de Referência em Saúde do Trabalhador" (Brasil, 2011h, p. 243).

A implantação da Portaria n. 777, de 28 de abril de 2004, regulamenta a Notificação Compulsória de Agravos à Saúde do Trabalhador na Rede de Serviços Sentinela específica, possibilitando a ampliação da vigilância e o monitoramento do perfil de adoecimento dos trabalhadores formais, bem como o conhecimento dos problemas de saúde dos trabalhadores não formais (Brasil, 2004a). As principais causas de adoecimento ainda estão concentradas nos casos registrados de lesão por esforço repetitivo (LER), de distúrbios osteomusculares relacionados ao trabalho (Dort), perda auditiva induzida por ruído (Pair)[2], intoxicação por benzeno, intoxicação por agrotóxicos, dermatoses ocupacionais e acidentes com material biológico.

Preste atenção!

LER/Dort: danos decorrentes da utilização excessiva, imposta ao sistema musculoesquelético, e da falta de tempo para recuperação. Caracterizam-se pela ocorrência de vários sintomas, concomitantes ou não, de aparecimento insidioso, geralmente nos membros superiores, tais como dor, parestesia, sensação de peso e fadiga. Abrangem quadros clínicos do sistema musculoesquelético adquiridos pelo trabalhador submetido a determinadas condições de trabalho.

Fonte: Brasil, 2012d, p. 10.

A organização da saúde do trabalhador no âmbito do SUS é realizada por meio da Rede Nacional de Atenção Integral à Saúde do Trabalhador (Renast) e dos Centros de Referência em Saúde do Trabalhador (Cerest).

> A Renast, instituída através da Portaria n. 1.679/02 e fortalecida por meio das Portarias n. 2.437/05 e n. 2.728/09, visa assegurar a atenção integral aos trabalhadores de todos os setores da economia: formal e informal, público e privado, das áreas urbanas e rurais; incluindo

---

2 A Pair é uma doença que acomete muitos trabalhadores mediante a exposição contínua a elevados níveis de pressão sonora em ambientes de trabalho, o que acarreta a diminuição gradual da acuidade auditiva.

ações de vigilância, prevenção, promoção, assistência, reabilitação, educação permanente, disseminação e intercâmbio de informações, assim como troca de experiências e gestão de conhecimento em saúde do trabalhador. (Brasil, 2011h, p. 246-247)

Os Cerests são organizados, de forma descentralizada, nas esferas regional, estadual e municipal, conforme demonstrado no Quadro 4.3, a seguir.

Quadro 4.3 – Atividades dos Cerests

Centro de Referência Estadual em Saúde do Trabalhador	Os Cerests Estaduais têm como atribuição dar apoio técnico-científico, de forma matricial, como meio de assegurar retaguarda especializada e suporte técnico-pedagógico para as equipes dos Cerests regionais, municipais e demais áreas técnicas no âmbito estadual e municipal. [...]
Centro de Referência Regional em Saúde do Trabalhador	[...] ferramenta estratégica para a disseminação das práticas em saúde do trabalhador na Rede de Atenção do SUS, no âmbito de uma região de saúde. [...] [Tem a] função de suporte técnico e científico, desse campo do conhecimento, junto aos profissionais de todos os serviços do SUS nele existentes, orientando-os nas suas práticas de atenção. [...] [...]
Centros de Referência Municipal em Saúde do Trabalhador	A implantação de Cerest de abrangência municipal está condicionada a uma população superior a 500 mil habitantes [...]. Estando o Cerest municipal localizado em um município de grande porte (acima de 500 mil habitantes), infere-se, portanto, que esse município possa ser referência para a região e até mesmo sede de micro ou macrorregião, conforme o Plano Diretor de Regionalização de cada estado [...].

Fonte: Brasil, 2011h, p. 253-254.

Como é possível perceber, as atividades de Vigilância de Saúde do Trabalhador para organização da rede de atenção composta pelo Renast e pelo Cerests acompanham as diretrizes do SUS, com hierarquização, regionalização e participação das três esferas de governo (federal, estadual e municipal), cada uma com suas responsabilidades específicas.

Para saber mais

As atividades laborais do mundo moderno mudaram as doenças relacionadas ao trabalho, em especial aquelas relacionadas ao esforço repetitivo. A Sociedade Brasileira de Reumatologia elaborou uma cartilha que poderá ajudá-lo a entender melhor essa questão.

SOCIEDADE BRASILEIRA DE REUMATOLOGIA. Comissão de Reumatologia Ocupacional. **Lesão por esforço repetitivo/distúrbio osteomuscular relacionado ao trabalho (LER/Dort)**: cartilha para pacientes. Campinas, 2011. Disponível em: <http://www.saude.campinas.sp.gov.br/sua_saude/cuidados/cartilha_ler_dort_sbr.pdf>. Acesso em: 6 jul. 2020.

4.4 Instrumentos de planejamento da política de saúde

A Constituição Federal de 1988 apresenta inovações importantes no planejamento da saúde, materializadas nas Leis do Orçamento Público: Lei Orçamentária Anual (LOA), Lei de Diretrizes Orçamentárias (LDO) e Plano Plurianual (PPA).

De acordo com Crepaldi e Crepaldi (2013), o PPA, cuja vigência atual é de quatro anos, é um instrumento de planejamento de amplo alcance, que objetiva estabelecer metas e programas governamentais de longo prazo. Caracterizado pela regionalização, trata-se de um dispositivo útil para diminuir as desigualdades regionais. A LDO, por sua vez, caracteriza-se como "instrumento intermediário entre o PPA e a LOA, que antecipa as diretrizes, as prioridades de gastos, as normas e os parâmetros que devem orientar a elaboração do projeto de lei orçamentária para o exercício seguinte" (Crepaldi; Crepaldi, 2013, p. 34). Por fim, a LOA "é o plano de trabalho para o exercício a que se refere, expresso por um conjunto de ações a realizar, com fim de atender às demandas da sociedade e indicar os recursos necessários à sua execução" (Crepaldi; Crepaldi, 2013, p. 36).

A Figura 4.4 ilustra a organização dos instrumentos de planejamento do SUS.

Figura 4.4 – Instrumentos de planejamento do SUS

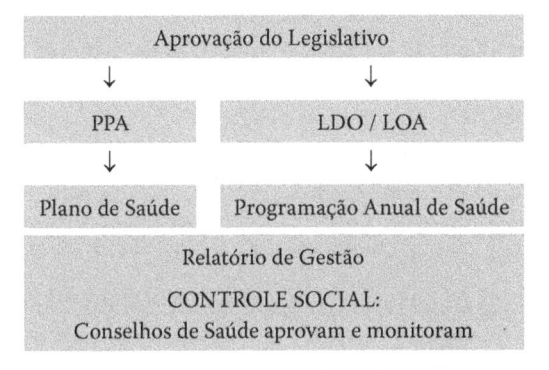

```
           Aprovação do Legislativo
              ↓              ↓
            PPA            LDO / LOA
              ↓              ↓
      Plano de Saúde   Programação Anual de Saúde
            Relatório de Gestão
              CONTROLE SOCIAL:
      Conselhos de Saúde aprovam e monitoram
```

O planejamento ascendente parte da atenção básica: trata-se da porta de entrada prioritária do SUS, com a instrumentalização da vigilância para a análise da situação de saúde do território, mostrando as necessidades prioritárias (problemas) da população para que a equipe atue com o objetivo de mudar essa realidade (Busato, 2017).

O princípio de territorialização do SUS é imprescindível para o planejamento em saúde (Busato, 2017). O Decreto n. 7.508, de 28 de junho de 2011, estabelece que os Conselhos de Saúde de cada nível governamental devem analisar e contribuir com o planejamento em saúde, obedecendo-se a um processo ascendente e integrado, que parte do nível local até o federal (Brasil, 2011a). Esse planejamento deve ser compatível com as necessidades das políticas de saúde e com a disponibilidade de recursos financeiros (Brasil, 2011a). Ademais, o mesmo decreto atualizou o conceito de regionalização, regulamentando a Lei n. 8.080/1990, a qual dispõe sobre a organização do SUS no que se refere à assistência à saúde e à articulação interfederativa, de modo a se estabelecer um novo conceito para Região de Saúde (Brasil, 2011a).

Preste atenção!

Art. 2º [...]
§ 1º Considera-se Região de Saúde o espaço geográfico contínuo constituído por agrupamento de Municípios limítrofes, delimitado a partir de identidades culturais, econômicas e sociais e de redes de comunicação e infraestrutura de transportes compartilhados, com a finalidade de integrar a organização, o planejamento e a execução de ações e serviços de saúde.
[...]
Art. 4º Constituem-se diretrizes gerais para organização das Regiões de Saúde, sem prejuízo de outras que venham a ser definidas, as seguintes:
[...]
III – observância das políticas de saúde na organização e execução das ações e serviços de saúde de atenção básica, vigilância em saúde, atenção psicossocial, urgência e emergência, atenção ambulatorial especializada e hospitalar, além de outros que venham a ser pactuados, que garantam o acesso resolutivo e em tempo oportuno;

Fonte: Brasil, 2011f.

As regiões são instituídas pelo Estado, em articulação com os municípios, respeitadas as diretrizes gerais, em concordância com a Comissão Intergestores Tripartite (CIT); e são aprovadas nas respectivas Comissões Intergestoras Bipartite (CIB) (Brasil, 2011a). Essa importante definição de território, apontada pelo Decreto n. 7.508/2011, é imprescindível na elaboração do planejamento – lembrando que é obrigatória a participação dos respectivos Conselhos de Saúde.

Art. 16. No planejamento devem ser considerados os serviços e as ações prestados pela iniciativa privada, de forma complementar ou não ao SUS, os quais deverão compor os Mapas da Saúde regional, estadual e nacional.

Art. 17. O Mapa da Saúde será utilizado na identificação das necessidades de saúde e orientará o planejamento integrado dos entes federativos, contribuindo para o estabelecimento de metas de saúde. (Brasil, 2011a)

O Decreto n. 7.508/2011 instituiu o Contrato Organizativo da Ação Pública da Saúde (Coap), substituindo o Termo de Compromisso de Gestão (Pacto pela Saúde) (Brasil, 2011a). O Coap é um instrumento de planejamento importante, que celebra o

> acordo de colaboração firmado entre entes federativos com a finalidade de organizar e integrar as ações e serviços de saúde na rede regionalizada e hierarquizada, com definição de responsabilidades, indicadores e metas de saúde, critérios de avaliação de desempenho, recursos financeiros que serão disponibilizados, forma de controle e fiscalização de sua execução e demais elementos necessários à implementação integrada das ações e serviços de saúde. (Brasil, 2011a, art. 2º, II)

A Portaria n. 2.135, de 25 de setembro de 2013, estabeleceu algumas diretrizes para o planejamento do SUS (Brasil, 2013b). Uma de suas premissas define que os instrumentos de Plano de Saúde e as respectivas Programações Anuais de Saúde, bem como o Relatório de Gestão, devem ser integrados, de modo a construir um processo cíclico de planejamento, sequencial e integrado com os demais instrumentos de planejamento e orçamento de governo, quais sejam o PPA, a LDO e a LOA, em cada esfera de gestão (Brasil, 2013b). Os instrumentos de planejamento específicos para a saúde estão elencados no Quadro 4.4, a seguir.

Quadro 4.4 – Objetivos dos instrumentos de planejamento específicos de saúde

Instrumento de planejamento	Objetivo
Plano de Saúde	Instrumento que norteia a elaboração do planejamento e orçamento do governo no tocante à saúde. Instrumento central de planejamento para definição e implementação de todas as iniciativas no âmbito da saúde de cada esfera da gestão do SUS. Período de quatro anos. Apresenta os compromissos do governo para o setor da saúde e reflete, segundo a análise situacional, as necessidades de saúde da população e as peculiaridades próprias de cada esfera.
Programação Anual de Saúde (PAS)	Instrumento que operacionaliza as intenções expressas no Plano de Saúde. Organiza as metas para o prazo anual. Apresenta alocação dos recursos orçamentários a serem executados.
Relatório de Gestão	Instrumento de gestão com elaboração anual que permite ao gestor apresentar os resultados alcançados com a execução da PAS. Orienta redirecionamentos que se fizerem necessários no Plano de Saúde.

Fonte: Busato, 2017, p. 183.

Ainda segundo a Portaria n. 2.135/2013, vejamos:

> Art. 3º [...]
>
> § 1º o Plano de Saúde configura-se como base para a execução, o acompanhamento, a avaliação da gestão do sistema de saúde e contempla todas as áreas da atenção à saúde, de modo a garantir a integralidade dessa atenção.
>
> § 2º O Plano de Saúde observará os prazos do PPA, conforme definido nas Leis Orgânicas dos entes federados.
>
> § 3º A elaboração do Plano de Saúde será orientada pelas necessidades de saúde da população, considerando:
>
> I – a análise situacional, orientada, dentre outros, pelos seguintes temas contidos no Mapa da Saúde:

a) estrutura do sistema de saúde;

b) redes de atenção à saúde;

c) condições sociossanitárias;

d) fluxos de acesso;

e) recursos financeiros;

f) gestão do trabalho e da educação na saúde;

g) ciência, tecnologia, produção e inovação em saúde e gestão;

II – definição das diretrizes, objetivos, metas e indicadores; e

III – o processo de monitoramento e avaliação. (Brasil, 2013b)

O Plano de Saúde, além da análise e da participação nos Conselhos de Saúde, deve ser transparente e ter visibilidade para a população, com estratégias de audiências públicas e consultas que possibilitem a participação popular. Ele também deve incorporar as definições aprovadas nas Conferências de Saúde, bem como ser "submetido à apreciação e aprovação do Conselho de Saúde respectivo e disponibilizado em meio eletrônico no Sistema de Apoio ao Relatório de Gestão (SARGSUS)" (Brasil, 2013b, art. 3º, § 4º).

A Programação Anual de Saúde (PAS) transforma o Plano de Saúde em meta anual e deve conter a definição das ações que, no ano específico, garantirão o alcance dos objetivos e o cumprimento das metas, com identificação e monitoramento efetivados por meio de indicadores, além da previsão de alocação dos recursos orçamentários necessários ao seu cumprimento.

> O **Relatório de Gestão** deve contemplar as diretrizes, os objetivos e os indicadores do Plano de Saúde, bem como as metas previstas e executadas no ano específico e a análise da execução orçamentária, explicitando, quando couber, as recomendações e/ou eventuais redirecionamentos do Plano de Saúde. (Busato, 2017, p. 185, grifo do original)

O referido relatório também deve ser enviado ao respectivo Conselho de Saúde até o dia 30 de março do ano seguinte ao da execução financeira, cabendo ao conselho emitir parecer conclusivo, por meio do Sistema de Apoio à Elaboração do Relatório de Gestão (SargSUS). Essa PAS conta com um acompanhamento quadrimestral:

> Art. 7º O Relatório Detalhado do Quadrimestre Anterior é um instrumento de monitoramento e acompanhamento da execução da PAS e deve ser apresentado pelo gestor do SUS até o final dos meses de maio, setembro e fevereiro, em audiência pública na Casa Legislativa do respectivo ente da Federação.
>
> Parágrafo único. O relatório previsto no "caput" observará o modelo padronizado previsto na Resolução do Conselho Nacional de Saúde n. 459, de 2012 [...]. (Brasil, 2013b)

A participação da sociedade e o controle social, garantidos pela Constituição Federal de 1988 e regulamentados pelas legislações posteriores, só podem ser efetivados mediante relatórios que possam ser comparados e acompanhados de forma clara. A regulamentação e a parametrização dos relatórios permitem maior transparência e monitoramento no que se refere à execução do plano de saúde.

Síntese

Neste capítulo, esclarecemos os conceitos de território, territorialidade e territorialização para a análise de situação, planejamento e gestão da política de saúde. Diferenciar os tipos de território contribui para a elaboração de novas perspectivas, as quais garantem o reconhecimento da importância do território vivo na organização e na análise de determinantes e condicionantes da saúde. Também indicamos que a vigilância em saúde fornece as ferramentas para a atuação do setor em suas responsabilidades sanitárias, bem como que os instrumentos de planejamento do SUS são formulados de maneira ascendente, com participação da sociedade, sendo articulados em metas e objetivos.

Questões para revisão

1. Os conceitos de território, territorialidade e territorialização são importantes para a atuação da política de saúde. Diferencie-os.

2. Quando uma doença desconhecida se torna uma pandemia, qual o papel da vigilância em saúde?

3. Analise as afirmações a seguir sobre o território vivo:
   I) O território vivo compreende a construção histórica de um território, onde a população realiza a territorialidade com as modificações realizadas pelo homem.
   PORQUE
   II) O território vivo tem relevância para o estudo geográfico de uma nação.
   Agora, assinale a alternativa correta:

   a) As duas afirmativas estão incorretas.
   b) A afirmativa I está correta, e a afirmativa II, incorreta.
   c) As afirmativas estão corretas, e a afirmativa II explica a afirmativa I.
   d) A afirmativa II está correta, mas a afirmativa I está incorreta.

4. A vigilância em saúde é composta por quatro esferas, as quais trabalham sinergicamente para analisar a situação de saúde de uma população em um território. Tendo em vista essa afirmação, analise as assertivas a seguir:
   I) A vigilância epidemiológica estuda as doenças, os agravos e os eventos que impactam a situação de saúde das populações, a fim de estabelecer ações de prevenção e promoção da saúde.
   II) A vigilância sanitária está presente somente nos municípios brasileiros.
   III) A vigilância de saúde do trabalhador é organizada em Renast e Cerest.
   IV) A vigilância ambiental tem como foco as questões que envolvem a qualidade da água de consumo humano.

Agora, assinale a alternativa correta:

a) As afirmativas I e IV estão corretas.
b) As afirmativas II e III estão corretas.
c) As afirmativas I, II e III estão corretas.
d) As afirmativas I, III e IV estão corretas.

5. A Constituição Federal de 1988 aponta o seguinte em seu art. 194:

> Art. 194. A seguridade social compreende um conjunto integrado de ações de iniciativa dos Poderes Públicos e da sociedade, destinadas a assegurar os direitos relativos à saúde, à previdência e à assistência social. (Brasil, 1988)

Sobre o tema, analise as afirmações a seguir:

I) Os direitos à saúde e à assistência social foram organizados em sistemas únicos: o Sistema Único de Saúde (SUS) e o Sistema Único de Assistência Social (SUAS).
II) O SUS e o SUAS têm base territorial.
III) A saúde é um direito apenas para as pessoas que são mais carentes.
IV) A integração de ações entre políticas de saúde e assistência social contribui para a articulação com as demais políticas públicas.

Agora, assinale a alternativa correta:

a) As afirmativas I, II e III estão corretas.
b) As afirmativas II, III e IV estão corretas.
c) As afirmativas I, III e IV estão corretas.
d) As afirmativas I, II e IV estão corretas.

Questões para reflexão

1. O Sistema Nacional de Vigilância Epidemiológica (SNVE) funciona com a integração das três esferas governamentais (municipal, estadual e nacional). Quais problemas podem surgir se o nível local não cumprir sua responsabilidade nesse sistema?

2. Tendo em vista que a vigilância em saúde trabalha com a integração de seus componentes, como a vigilância ambiental pode integrar a política de meio ambiente e a política de saúde?

Ivana Maria Saes Busato

CAPÍTULO 5

A organização do Sistema Único de Saúde (SUS) e as Redes de Atenção à Saúde (RAS)

Conteúdos do capítulo

- Modelos assistenciais no Sistema Único de Saúde (SUS).
- Atenção básica de saúde.
- Média e alta complexidade.
- Redes de Atenção à Saúde (RAS).
- Redes prioritárias para o SUS.

Após o estudo deste capítulo, você será capaz de:

1. distinguir os modelos assistenciais no SUS;
2. reconhecer a atenção básica como porta de entrada para o SUS;
3. refletir sobre a média e a alta complexidade;
4. identificar a RAS;
5. diferenciar as RAS prioritárias no SUS;
6. compreender a organização e a hierarquização do SUS.

Na Lei n. 8.080, de 19 de setembro de 1990, constam os princípios doutrinários do Sistema Único de Saúde (SUS), como universalidade, integralidade, igualdade e equidade, e seus princípios organizativos, como descentralização, hierarquização, regionalização e participação da comunidade (Brasil, 1990a). As necessidades de saúde de uma população, percebidas pela análise da situação de saúde, devem ser sistematizadas na organização do sistema de saúde como resposta socialmente adequada (Brasil, 2015a).

Por isso, neste capítulo, apresentaremos os modelos assistenciais do SUS, as características da média e da alta complexidade e o conceito de Rede de Atenção à Saúde (RAS), bem como esclareceremos a organização da RAS para enfrentar as necessidades da saúde brasileira e o papel da atenção básica de saúde.

5.1 Organização do SUS

Um dos princípios organizativos do SUS é a **descentralização da gestão**, conforme mencionamos em outros capítulos. Depois da Constituição Federal de 1988 (Brasil, 1988) e da Lei n. 8.080/1990, o processo de descentralização ganhou força com a Norma Operacional Básica do SUS de 1993 (NOB/SUS93), estabelecida por meio da Portaria n. 545, de 20 de maio de 1993 (Brasil, 1993b).

> [A NOB/SUS93] Estabelece normas e procedimentos reguladores do processo de descentralização da gestão das ações e serviços de saúde [...].
>
> [...]
>
> Considerando que os municípios, os estados e os próprios órgãos do Ministério da Saúde encontram-se em estágios diferentes em relação à descentralização do sistema, esta forma define procedimentos e instrumentos operacionais que visam ampliar e aprimorar as condições de gestão com o sentido de efetivar o comando único do SUS nas três esferas de governo. (Brasil, 1993b)

Essa NOB teve como principal objetivo fortalecer e consolidar o princípio da descentralização, proporcionando maior autonomia de planejamento e de recursos financeiros para a gestão municipal e do Distrito Federal, além de regulamentar a transferência regular e automática (fundo a fundo) de recursos financeiros (Brasil, 1993b). Com ela, os municípios foram estimulados a se desenvolver para alcançar a gestão plena dos serviços do território municipal.

A partir da NOB/SUS93, foram estabelecidas as instâncias colegiadas, as Comissões Intergestoras Bipartite – CIB (de âmbito estadual) e Tripartite – CIT (nacional), como espaços de negociação, pactuação, articulação e integração entre gestores (Brasil, 1993b). Nesse contexto, os municípios foram compelidos a realizar apropriação e adequação de seus serviços de saúde e de sua capacidade de desenvolver a programação dos serviços sob sua responsabilidade, bem como a negociação com outras esferas do governo.

A CIT é composta, paritariamente, por representantes do Ministério da Saúde, do Conselho Nacional de Secretários de Saúde (Conass) e do Conselho Nacional de Secretários Municipais de Saúde (Conasems). A CIB, como o próprio nome aponta, é composta por duas partes e apresenta composição paritária entre representação do estado e dos municípios. O estado é representado pela Secretaria Estadual de Saúde (SES), ao passo que os municípios são representados pelo Conselho Estadual de Secretários Municipais de Saúde (Cosems) ou órgão equivalente A CIB é obrigatória em todos os estados brasileiros e pode organizar sua atividade com comissões temáticas e subcomissões regionais (Brasil, 1993b). Nela, é obrigatória a participação do representante da capital do estado.

Os sistemas de saúde foram inicialmente organizados na forma piramidal. Essa ordenação da assistência distribui o fluxo dos pacientes nos serviços de saúde de acordo com os níveis de necessidade. Nesse modelo, são destinados ao topo da pirâmide aqueles que têm necessidade de atendimento com maior aparato tecnológico, ficando na base a maior demanda, com baixo nível de complexidade (Silva Júnior; Alves, 2007). A atenção básica tem papel estratégico, situando-se na base do sistema, e é sua porta de entrada, com menor nível de complexidade, conforme demonstra a Figura 5.1, a seguir.

Figura 5.1 – Organização do modelo de assistência piramidal

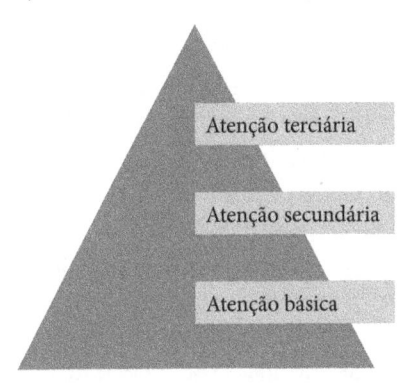

- Atenção terciária
- Atenção secundária
- Atenção básica

De acordo com Ouverney e Noronha (2013, p. 145), as "significativas mudanças observadas no perfil sociodemográfico [e] epidemiológico nas últimas décadas [no Brasil] impõem uma profunda reavaliação das propostas de organização e desenho de modelos assistenciais". Assim, o modelo piramidal revelou não ser capaz de enfrentar os fatores condicionantes e determinantes do processo saúde-doença, nem de fazer frente às mudanças da situação epidemiológica brasileira. Esta, chamada de ***tripla carga de doenças***, envolve paralelamente a ocorrência de doenças infecciosas, de desnutrição e de problemas de saúde reprodutiva; o aumento contínuo de doenças crônicas, como diabetes melito e hipertensão arterial, e as dificuldades em atenuar seus fatores de riscos, como tabagismo, sobrepeso, inatividade física, uso excessivo de álcool e alimentação inadequada; e o forte crescimento da violência e das causas externas (Brasil, 2015a).

5.2 O papel da atenção básica de saúde

A organização de um sistema de saúde é realizada por níveis de atendimento e complexidade. A atenção primária é o nível que aparece como porta de entrada no sistema, sendo o ponto que coordena os problemas de saúde e as demais necessidades das pessoas, fornecendo atenção individual e coletiva para todas as condições (exceto as muito incomuns ou raras) e coordenando ou integrando a atenção fornecida nos demais pontos de atenção (Starfield, 2002).
O Decreto n. 7.508, de 28 de junho de 2011, prevê, em seu art. 3º, que o SUS é composto por entes federados e pela iniciativa privada, além de ser organizado de forma regionalizada e hierarquizada (Brasil, 2011a). Isso reforça que a regionalização e a hierarquização têm a atenção básica como porta de entrada – o art. 9º ampliou as portas de entrada do SUS e definiu outras, como atenção de urgência e emergência; atenção psicossocial; e especiais de acesso aberto (Brasil, 2011a).
O conceito de atenção primária à saúde (APS) surgiu em 1920, na Grã-Bretanha, com o Relatório Dawson. Para Dawson, a organização do serviço de saúde era imprescindível para redução de custos, para um melhor desempenho profissional médico e, consequentemente, para fornecer mais benefícios aos usuários (Brasil, 1990c).
Segundo Matta e Morosini (2008), o relatório preconiza que os serviços preventivos e curativos devem ser próximos e realizados em conjunto, e, para isso, devem ser separados nos seguintes níveis de atenção: primário e secundário, domiciliar, suplementar e hospitalar. Os níveis primário e domiciliar contariam com médicos generalistas. Os casos aos quais esses profissionais não conseguissem dar a assistência necessária seriam encaminhados ao nível secundário, composto por médicos especialistas, ou ao nível hospitalar, em casos de necessidades cirúrgicas.
Desde o Relatório Dawson, a atenção primária e a promoção da saúde passaram a ser inseridas nas conferências mundiais de saúde. O grande destaque para a atenção primária, porém, foi a

Conferência Internacional sobre Cuidados Primários de Saúde, que ocorreu em setembro de 1978, na cidade de Alma-Ata, na antiga União Soviética – atual Cazaquistão (Lavras, 2011). De acordo com a Declaração de Alma-Ata, os cuidados primários de saúde são

> parte integrante tanto do sistema de saúde do país, do qual constituem a função central e o foco principal, quanto do desenvolvimento social e econômico global da comunidade. Representam o primeiro nível de contato dos indivíduos, da família e da comunidade com o sistema nacional de saúde, pelo qual os cuidados de saúde são levados o mais proximamente possível aos lugares onde pessoas vivem e trabalham, e constituem o primeiro elemento de um continuado processo de assistência à saúde. (OMS, citada por Lavras, 2011, p. 869)

Durante essa conferência, estabeleceu-se que a saúde não é responsabilidade de apenas uma área, ou seja, ela conta com um conjunto de ações que envolve a educação, a alimentação, o saneamento, entre outros. Dispôs-se, ainda, sobre a necessidade de integrar a comunidade nos determinantes e nas condicionantes do processo de saúde-doença, bem como sobre a necessidade do autocuidado (Lavras, 2011).

Na Conferência de Alma-Ata, a APS foi definida como

> cuidados essenciais de saúde baseados em métodos e tecnologias práticas, cientificamente bem fundamentadas e socialmente aceitáveis, colocadas ao alcance universal de indivíduos e famílias da comunidade, mediante sua plena participação e a um custo que a comunidade e o país podem manter em cada fase de seu desenvolvimento, no espírito de autoconfiança e autodeterminação. (OMS, 1978)

Dessa forma, o direito à saúde foi reconhecido como direito humano, juntamente aos elementos essenciais para a atenção primária, alguns diretamente relacionados com a política de saúde, como educação em saúde, programa materno-infantil, imunização, planejamento familiar, prevenção de endemias, tratamento de doenças e danos mais comuns às pessoas. O saneamento básico, o acesso aos medicamentos e à alimentação saudável, como mencionamos anteriormente, também foram estabelecidos em Alma-Ata, em 1978 (OMS, 1978).

Importante!

A Conferência de Alma-Ata influenciou a Constituição de 1988 e a organização do SUS.

As unidades básicas de saúde, ou postos de saúde, desde a implantação do SUS, compõem a principal porta de entrada desse sistema e são apresentadas em diversas regulamentações. A Portaria n. 2.436, de 21 de setembro de 2017, manteve essa organização, destacando "a Atenção Básica como o primeiro ponto de atenção [...], que deve ordenar os fluxos e contrafluxos de pessoas, produtos e informações em todos demais pontos de atenção à saúde" (Brasil, 2017a).

Em agosto de 2017, o Ministério da Saúde aprovou a nova Política Nacional de Atenção Básica (Pnab). Entre as principais mudanças com relação à Pnab de 2006 está a indicação de novas formas de financiamento da atenção básica pelo Governo Federal, diferentemente das equipes de saúde básica ou da estratégia de saúde da família, estabelecidas desde 2006 (Brasil, 2017a).

Em 2019, foram definidas novas possibilidades e exigências para o financiamento da atenção básica com a publicação da Portaria n. 2.979, de 12 de novembro de 2019, que instituiu o Programa Previne Brasil, determinando que o financiamento federal de custeio da APS seria por capitação ponderada, pelo pagamento por desempenho e com incentivo para ações estratégicas (Brasil, 2019).

> A Atenção Básica é o conjunto de ações de saúde individuais, familiares e coletivas que envolvem promoção, prevenção, proteção, diagnóstico, tratamento, reabilitação, redução de danos, cuidados paliativos e vigilância em saúde, desenvolvida por meio de práticas de cuidado integrado e gestão qualificada, realizada com equipe multiprofissional e dirigida à população em território definido, sobre as quais as equipes assumem responsabilidade sanitária. (Brasil, 2017a)

A atenção básica nas unidades básicas de saúde trabalha com atendimento à demanda espontânea, isto é, com a procura direta das pessoas, tratando, principalmente, da promoção da saúde. Para isso, é importante e primordial que os profissionais de saúde dessas unidades estabeleçam vínculo com os usuários do sistema, a fim de propiciar a confiança (Brasil, 2006a), e que a relação entre eles seja singularizada, buscando as necessidades de cada indivíduo para o alcance da integralidade, utilizando as ações de vigilância em saúde (Brasil, 2017a).

A Pnab de 2017 organiza a atenção básica em equipes para o financiamento do Governo Federal: Equipe de Saúde da Família (eSF), Equipe da Atenção Básica (eAB), Equipe de Saúde Bucal (eSB), Núcleo Ampliado de Saúde da Família e Atenção Básica (Nasf-AB), Estratégia de Agentes Comunitários de Saúde (Eacs) e equipes de atenção básica para populações específicas. A partir de 2019, no entanto, com o Programa Previne Brasil, o financiamento deixou de contemplar o quantitativo de equipes e sua formação, o que tem gerado críticas de diversas entidades e instituições.

Preste atenção!

Uma eAB é organizada com os seguintes profissionais da saúde: médicos, enfermeiros e técnicos ou auxiliares de enfermagem – a equipe de saúde bucal também pode compor essa equipe.

Para compreender a eSF, devemos estudar seu contexto histórico de implantação no Brasil. Em 1994, o Programa Saúde da Família (PSF) organizou o atendimento da saúde pública e reorientou o modelo assistencial, que ainda não tinha como referência as unidades básicas de saúde, mas os hospitais, os quais deveriam ser a última instância a ser procurada (o topo da pirâmide). Com isso, o programa buscava priorizar as ações da atenção básica:

> O PSF não é uma peça isolada do sistema de saúde, mas um componente articulado com todos os níveis. Dessa forma, pelo melhor conhecimento da clientela e pelo acompanhamento detido dos casos, o programa permite ordenar os encaminhamentos e racionalizar o uso da tecnologia e dos recursos terapêuticos mais caros. O PSF não

isola a alta complexidade, mas a coloca articuladamente à disposição de todos. Racionalizar o uso, nesse sentido, é democratizar o acesso. (Programa Saúde da Família, 2000, p. 316)

A Pnab define que a saúde da família

> É a estratégia prioritária de atenção à saúde e visa à reorganização da Atenção Básica no país, de acordo com os preceitos do SUS. É considerada como estratégia de expansão, qualificação e consolidação da Atenção Básica, por favorecer uma reorientação do processo de trabalho com maior potencial de ampliar a resolutividade e impactar na situação de saúde das pessoas e coletividades, além de propiciar uma importante relação custo-efetividade. (Brasil, 2017a)

Com o Programa Previne Brasil, o Nasf-AB perdeu força perante a organização da atenção básica. Em 2017, ele foi organizado em

> uma equipe multiprofissional e interdisciplinar composta por categorias de profissionais da saúde, complementar às equipes que atuam na Atenção Básica. É formada por diferentes ocupações (profissões e especialidades) da área da saúde, atuando de maneira integrada para dar suporte (clínico, sanitário e pedagógico) aos profissionais das equipes de Saúde da Família (eSF) e de Atenção Básica (eAB). (Brasil, 2017a)

Confira no Quadro 5.1 as equipes de atenção básica para populações específicas[1].

‖‖‖‖‖‖‖‖‖‖‖‖‖‖‖‖‖‖‖‖‖‖‖‖

1 As eSFR e eSFF compõem dois arranjos organizacionais das eSF que atendem a população ribeirinha da Amazônia Legal e Pantaneira, considerando-se as especificidades locorregionais de cada comunidade (Brasil, 2017a).

Quadro 5.1 – Características das equipes de atenção básica para populações específicas

Equipe	Característica
Equipes de Saúde da Família Ribeirinha (eSFR)	São equipes que desempenham parte significativa de suas funções em UBS construídas e/ou localizadas nas comunidades pertencentes à área adstrita e cujo acesso se dá por meio fluvial e que, pela grande dispersão territorial, necessitam de embarcações para atender as comunidades dispersas no território. [...]
Equipes de Saúde da Família Fluviais (eSFF)	São equipes que desempenham suas funções em Unidades Básicas de Saúde Fluviais (UBSF), responsáveis por comunidades dispersas, ribeirinhas e pertencentes à área adstrita, cujo acesso se dá por meio fluvial.
Equipe de Consultório na Rua (eCR)	Equipe de saúde com composição variável, responsável por articular e prestar atenção integral à saúde de pessoas em situação de rua ou com características análogas em determinado território, em unidade fixa ou móvel [...].
Equipe de Atenção Básica Prisional (eABP)	Equipe multiprofissional [...] com responsabilidade de articular e prestar atenção integral à saúde das pessoas privadas de liberdade.

Fonte: Brasil, 2017a.

Os diversos tipos de demanda da atenção básica (Quadro 5.2) devem ser compatibilizados na organização dos serviços. Esse nível da política de saúde trabalha com uma ampla lista de procedimentos, que, no entanto, não demandam grandes ou complexos investimentos financeiros e muita tecnologia. A atenção básica, considerada o nível mais próximo dos usuários, tem o intuito de abranger o atendimento à saúde de acordo com o princípio da universalidade.

As unidades básicas de saúde que efetivam a atenção básica no SUS apresentam diversas demandas oriundas dos usuários, por estarem mais capitalizadas na população e por permitirem o acesso ao sistema. A organização do processo de trabalho das equipes se faz necessária para não comprometer o cuidado das pessoas diante de situações tão distintas, cujas principais são: atendimento programado e não programado, busca de atendimento por grupos de pessoas hiperutilizadoras, demanda administrativa, atendimento de condições crônicas e algumas enfermidades, cuidados preventivos, atenção domiciliar e autocuidado apoiado.

Quadro 5.2 – Característica das demandas dos usuários nas unidades básicas de saúde

Tipo de demanda	Característica
Atendimentos programados e não programados	Atendimentos programados: apresentam agendamento específico, com protocolos de atendimento para população priorizada. Atendimentos não programados: trata-se de uma demanda espontânea, em que as pessoas procuram o serviço por diversas necessidades.
Atendimento concentrado em um grupo de pessoas hiperutilizadoras	Pessoas que buscam o serviço frequentemente por diversas necessidades.
Demanda administrativa	Recursos que não apresentam caráter clínico, como atestados médicos, renovação de receitas e análise de resultados de exames.
Atendimento concentrado em condições crônicas e em algumas enfermidades	Condições de maior prevalência, como hipertensão e diabetes.
Cuidados preventivos	São compostos por: "rastreamento de doenças, vacinação, prevenção de fatores de riscos proximais, prevenção de fatores de risco biopsicológicos individuais, estratégias comportamentais e de motivação aplicadas em intervenções de modificação de estilos e hábitos de vida, orientação nutricional, orientação à atividade física, controle do tabaco, do álcool e de outras drogas" etc. (Brasil, 2015a, p. 33).

(continua)

(Quadro 5.2 – conclusão)

Atenção domiciliar	Ações que são realizadas no domicílio, como cadastramento, busca ativa e ações de vigilância e de educação em saúde.
Autocuidado apoiado	Objetiva "preparar e empoderar as pessoas usuárias para que autogerenciem sua saúde e os cuidados prestados" (Brasil, 2015a, p. 34).

Fonte: Elaborado com base em Brasil, 2015a.

Em virtude de a Pnab de 2017 apontar que a atenção domiciliar é uma ação da atenção básica, ela deixou de ser exclusiva da estratégia da saúde da família. Nesse contexto, devemos diferenciar a visita domiciliar do internamento domiciliar, pois ambos são realizados nas residências das pessoas e geram muitas dúvidas sobre suas especificidades no cuidado.

> A visita domiciliar prioriza o diagnóstico da realidade do indivíduo e as ações educativas, sendo geralmente programada e utilizada com o intuito de subsidiar intervenções.
>
> A internação domiciliar envolve a utilização de aparato tecnológico em domicílio, de acordo com as necessidades de cada situação específica. (Brasil, 2015a, p. 51-52)

O acesso aos medicamentos também está relacionado à integralidade da assistência e faz parte da responsabilidade da atenção básica pelas principais necessidades das pessoas. O arsenal de medicamentos existentes no mercado farmacêutico exigiu uma ordenação para otimizar a aquisição e a prescrição. Nesse sentido, foi estabelecida a Relação Nacional de Medicamentos Essenciais (Rename).

A Rename, regulamentada pelo Decreto n. 7.508/2011, é de competência do Ministério da Saúde. Ela padroniza os medicamentos indicados para distribuição no âmbito do SUS – que tem a obrigação de atualizá-la a cada dois anos – e "compreende a seleção e a padronização de medicamentos indicados para atendimento de doenças ou de agravos no âmbito do SUS" (Brasil, 2011a, art. 21). O decreto também estabelece que os medicamentos da Rename devem ser acompanhados do Formulário Terapêutico Nacional

(FTN), que subsidiará a prescrição, a dispensação e o uso, com base em protocolos clínicos e diretrizes terapêuticas, em âmbito nacional, observadas as diretrizes pactuadas pela CIT e CIB. A Rename e a relação específica complementar estadual, distrital ou municipal de medicamentos somente poderão conter produtos com registro na Anvisa (Brasil, 2011g).

Preste atenção!

Toda pessoa tem direito ao acesso universal e igualitário à assistência farmacêutica, porém o usuário deve estar assistido por ações e serviços de saúde do SUS, sendo obrigatório que o medicamento seja prescrito por profissional de saúde devidamente inscrito nos conselhos profissionais, com exercício regular de suas funções no SUS.

Fonte: Brasil, 2011g.

Para saber mais

A PNPS, indicada a seguir, estabelece as prioridades e os temas transversais que devemos aplicar nos serviços de saúde, bem como explica a importância da capacitação de pessoas.

BRASIL. Ministério da Saúde. Secretaria de Vigilância em Saúde. Secretaria de Atenção à Saúde. **Política Nacional de Promoção da Saúde (PNPS)**: revisão da Portaria MS/GM n. 687, de 30 de março de 2006. Brasília, 2015. Disponível em: <http://bvsms.saude.gov.br/bvs/publicacoes/pnps_revisao_portaria_687.pdf>. Acesso em: 6 jul. 2020.

5.3 A participação da média e da alta complexidade na organização do SUS

A integralidade da assistência exige organização de serviços e ações de saúde de média e de alta complexidade. Para dimensionar essa necessidade, é importante realizar um levantamento geral de informações sobre a situação de saúde da área de interesse, com vistas a conhecer os principais problemas de saúde, mortalidade e morbidade e descobrir o perfil de adoecimento da população, a fim de equacionar a linha de cuidado que parte da promoção da saúde até alcançar os cuidados mais complexos (Brasil, 2007b), ordenando a atenção integral dentro da RAS. O financiamento das ações e serviços de média e de alta complexidade é realizado por meio do Limite Financeiro de Média e Alta Complexidade Ambulatorial e Hospitalar (MAC), do Fundo de Ações Estratégicas e Compensações (Faec) e de incentivos financeiros.

Conforme esclarecemos anteriormente, a atenção básica atua perto das famílias e mais fortemente da promoção da saúde, ao passo que a média complexidade atua mais com a assistência médica especializada, tendo como objetivo sanar os problemas de saúde da população que necessitem de maior especificidade, seja do profissional médico, seja de equipamentos tecnológicos.

Os serviços de saúde ambulatoriais e hospitalares que executam as ações de média e de alta complexidade no sistema de saúde trabalham em interação com a atenção básica que coordena a assistência. No SUS, o Sistema de Informações Ambulatoriais (SIA) processa os procedimentos realizados na média complexidade para fins de auditoria e de controle financeiro. O rol de procedimentos especializados, realizados por médicos e outros profissionais de nível superior ou médio processados no SIA para a média complexidade, compreende:

- cirurgias ambulatoriais especializadas;
- procedimentos traumato-ortopédicos;
- ações especializadas em odontologia;
- patologia clínica;
- anatomopatologia e citopatologia;
- radiodiagnóstico;
- exames ultrassonográficos;
- diagnose;
- fisioterapia;
- terapias especializadas;
- próteses e órteses;
- anestesia. (Brasil, 2007b, p. 17-18)

A Portaria n. 968, de 11 de dezembro de 2002, definiu os procedimentos considerados de alta complexidade ambulatorial e hospitalar (Brasil, 2009a). A alta complexidade está relacionada à **qualificação dos serviços** e, por isso, compreende a alta tecnologia e o alto custo. Entre os procedimentos que se encontram classificados como de alta complexidade, estão: procedimento de diálise, cirurgias cardiovasculares, tratamentos oncológicos, neurocirurgias e cirurgias bariátricas – ou seja, procedimentos que não podem ser realizados com pouco investimento (Brasil, 2009a).

O Decreto n. 7.508/2011, por sua vez, definiu as ações e serviços do SUS para a integralidade da assistência nos três níveis – atenção básica, de média e de alta complexidade – mediante uma lista denominada Relação Nacional de Ações e Serviços de Saúde (Renases) (Brasil, 2011a). A implantação da Renases precisou de uma regulamentação realizada pela Portaria n. 841, de 2 de maio de 2012, que determina:

> Art. 3º A RENASES está organizada nos seguintes componentes:
>
> I – ações e serviços da atenção básica (primária);
>
> II – ações e serviços da urgência e emergência;
>
> III – ações e serviços da atenção psicossocial;

IV – ações e serviços da atenção ambulatorial especializada e hospitalar;

V – ações e serviços da vigilância em saúde. (Brasil, 2012c)

Algumas políticas nacionais de saúde compõem a atenção de média e de alta complexidade e integram diversas normas específicas. Entre elas, estão: Política Nacional de Atenção Cardiovascular, Política Nacional de Atenção à Saúde Auditiva, Política Nacional de Atenção ao Portador de Doença Renal, Política Nacional de Procedimentos Eletivos de Média Complexidade e Política Nacional de Atenção Oncológica.

O Decreto n. 7.508/2011 também impôs nova pauta de discussão entre os níveis governamentais (federal, estadual e municipal) na pactuação das regiões de saúde, para o planejamento regional integrado e a articulação interfederativa, em especial na organização da média e da alta complexidade na construção das RAS.

> Art. 2º [...]
>
> I – Região de Saúde – espaço geográfico contínuo constituído por agrupamentos de Municípios limítrofes, delimitado a partir de identidades culturais, econômicas e sociais e de redes de comunicação e infraestrutura de transportes compartilhados, com a finalidade de integrar a organização, o planejamento e a execução de ações e serviços de saúde. (Brasil, 2011a)

Uma RAS, para disponibilizar a integralidade de atenção às pessoas, deve lançar mão de todas as ações da Renases, bem como de serviços próprios e complementares ao SUS. Destacamos, nesse sentido, o apontamento do Conass de Saúde de que é imperativa a definição de parâmetros e critérios para o credenciamento de serviços de média e de alta complexidade de forma complementar aos serviços públicos, respeitando-se as normas técnicas de credenciamento elaboradas pelo Ministério da Saúde (Brasil, 2007b). Com a identificação, o credenciamento, a contratualização e o contrato dos serviços que comporão a RAS, é necessário acompanhar as ações de saúde prestadas por meio de avaliação, controle e auditoria, respeitando-se o controle social.

5.4 A construção das Redes de Atenção à Saúde (RAS)

Os modelos assistenciais fragmentados na atenção às condições crônicas não promovem a equidade, nem fazem atenção integral, e "devem ser substituídos por sistemas integrados de atenção à saúde" (Brasil, 2015a, p. 24), as RAS. Ouverney e Noronha (2013) reforçam que o aperfeiçoamento da política de saúde, em uma RAS, depende da realização de uma prospecção para a organização da atenção à saúde, dando suporte para as futuras estratégias nacionais.

O envelhecimento, as condições crônicas, as violências e a mudança do perfil epidemiológico e demográfico conduzem para as mudanças da organização do sistema de saúde brasileiro (Ouverney; Noronha, 2013).

> Algumas dimensões dos cuidados em saúde ganham importância extraordinária neste desenho: integração assistencial, continuidade, trabalho multiprofissional e colaborativo, comunicação adequada entre os diferentes agentes, educação dos pacientes e de suas famílias, organização dos serviços em redes dinâmicas, horizontais (no nível da comunidade e/ou das redes relacionais dos indivíduos) e vertical (entre os diferentes níveis e componentes do sistema de atenção) e coordenação assistencial. (Ouverney; Noronha, 2013, p. 149)

A legislação inicial da formalização das RAS foi determinada pela Norma Operacional de Assistência à Saúde (Noas), editada em 2002. Essa norma considerou que o sistema de saúde carecia de organização das redes regionalizadas para planejamento e integração regional quando propôs os Planos Diretores de Regionalização e de Investimentos (Brasil, 2002b), tendo sido reafirmada em 2006 com o Pacto pela Saúde. Este definiu que os estados são responsáveis por "Coordenar o processo de configuração do desenho da rede de atenção [à saúde], nas relações intermunicipais, com a participação dos municípios da região" (Brasil, 2006c, p. 43).

> **Entenda a importância do Pacto pela Saúde**
> O Pacto pela Saúde é um conjunto de reformas institucionais do SUS pactuado entre as três esferas de gestão (União, Estados e Municípios) com o objetivo de promover inovações nos processos e instrumentos de gestão, visando alcançar maior eficiência e qualidade das respostas do Sistema Único de Saúde. Ao mesmo tempo, o Pacto pela Saúde redefine as responsabilidades de cada gestor em função das necessidades de saúde da população e na busca da equidade social.
>
> Fonte: Brasil, 2020a.

Ouverney e Noronha (2013, p. 144) esclarecem que, em 2011, "o Decreto n. 7.508/2011, que regulamenta a Lei Orgânica da Saúde (Lei n. 8.080/1990), estabeleceu novas estratégias e instrumentos para a consolidação das redes de atenção à saúde, valorizando a construção de relações colaborativas". Os autores também explicam que a integração do cuidado depende da análise das características específicas de cada sistema de saúde para a definição das estratégias em cada contexto nacional e indicam que isso acontece com a formatação da linha de cuidado em rede, considerando suas características de territorialização, de perfil epidemiológico e demográfico, além das necessidades de saúde da população.

A RAS é definida pela estrutura necessária para dar suporte ao cuidado. Em outras palavras, ao criar uma linha de cuidado, é preciso avaliar e planejar todos os itens que a envolvem desde a atenção básica até o maior nível de complexidade. Assim, compreende-se que a RAS é a organização da atuação da saúde, tanto em ações quanto em serviços, em conjunto com diferentes especialidades tecnológicas em prol de um atendimento integral (Brasil, 2010a). De acordo com a Portaria n. 4.279, de 30 de dezembro de 2010, que regulamenta a RAS, ela

> Caracteriza-se pela formação de relações horizontais entre os pontos de atenção com o centro de comunicação na Atenção Primária à Saúde (APS), pela centralidade nas necessidades em saúde de uma população,

pela responsabilização na atenção contínua e integral, pelo cuidado multiprofissional, pelo compartilhamento de objetivos e compromissos com os resultados sanitários e econômicos. (Brasil, 2010a)

Para Mendes (2011), as redes foram formadas para uma melhor administração de poucos recursos e de uma demanda complexa, mas com uma coordenação que busca estabelecer padrões nas inter-relações, papel exercido pela atenção básica. Segundo o autor, as RAS apresentam como vantagens a relação custo-benefício a longo prazo e a inter-relação entre os participantes do processo. Já as desvantagens são a morosidade no processo decisório e a dispersão de responsabilidades.

É possível perceber o êxito na evolução e expansão das RAS no Brasil em um estudo de Mendes (2010), o qual evidencia que, até então, não havia registro de resultados da atuação das redes implantadas com a sistematização de avaliações sobre o assunto. Após um ano, o mesmo autor apresentou vários exemplos bem-sucedidos de RAS em vários estados brasileiros, como em Minas Gerais, onde foram implementadas linhas de cuidados cujo público-alvo era composto por crianças, mulheres, cardiopatas e diabéticos. Segundo Mendes (2011), os resultados das avaliações demonstram que, de forma geral, as RAS obtiveram boa classificação.

As redes de atenção são suportadas por estruturas operacionais compostas por componentes que perpassam os três níveis da atenção (Figura 5.2): um centro de comunicação, a APS, sobreposto pelos demais pontos de atenção à saúde (secundários e terciários); os sistemas de apoio, que compreendem apoio diagnóstico e terapêutico, como os sistemas de assistência farmacêutica, de teleassistência e de informação em saúde; e os sistemas logísticos, compostos por registro eletrônico em saúde e por sistemas de acesso regulado à atenção e de transporte em saúde. A organização de uma RAS pode abranger vários municípios, em uma micro e macrorregião. Para melhor gestão, o sistema de governança proporciona as funções básicas que devem ser desenvolvidas para a responsabilização de gestão desses diversos sistemas e pontos de atenção (Brasil, 2015a).

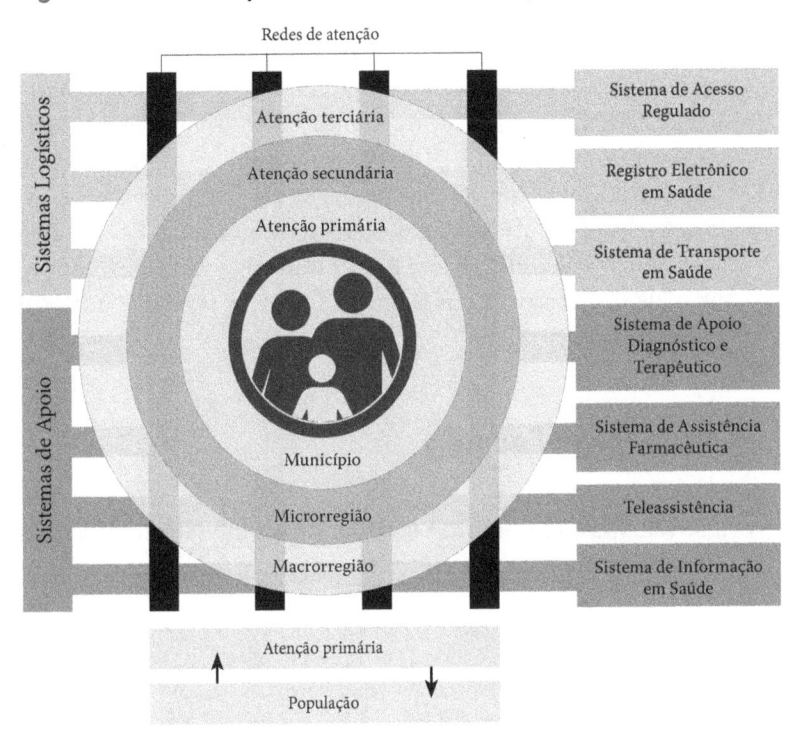

Figura 5.2 – Estrutura operacional das Redes de Atenção à Saúde

Redes de atenção:
- Atenção terciária
- Atenção secundária
- Atenção primária

Sistemas Logísticos:
- Sistema de Acesso Regulado
- Registro Eletrônico em Saúde
- Sistema de Transporte em Saúde

Sistemas de Apoio:
- Sistema de Apoio Diagnóstico e Terapêutico
- Sistema de Assistência Farmacêutica
- Teleassistência
- Sistema de Informação em Saúde

- Município
- Microrregião
- Macrorregião

Atenção primária ↕ População

Fonte: Elaborado com base em Mendes, 2011.

O trabalho em RAS e a territorialização impõem a intersetorialidade, mediante o entendimento de que a saúde está presente em todas as políticas. Para entendermos a intersetorialidade, precisamos compreender que, para alcançar a saúde, o trabalho deve ser articulado entre cuidados médicos e cuidados sociais desenvolvidos por outras políticas. Segundo Ouverney e Noronha (2013), essa articulação parte da concepção ampliada de saúde, inclusive para alcançar a condição de cidadania. Os autores apontam, ainda, que a "saúde como manifestação de bem-estar social envolve uma série de elementos objetivos e subjetivos que resulta de vários aspectos da inserção social de um cidadão, cuja qualidade requer a ação simultânea de uma série de políticas que são parte dos direitos sociais definidos na Constituição" (Ouverney; Noronha, 2013, p. 157).

A Portaria GM/MS n. 4.279/2010 estabelece cinco redes temáticas prioritárias, pactuadas na Comissão Intergestores Tripartite (CIT): Rede Cegonha; Rede de Atenção às Urgências (RAU); Rede de Atenção Psicossocial (Raps) para pessoas com sofrimento ou transtorno mental e com necessidades decorrentes do uso de *crack*, álcool e outras drogas; Rede de Cuidados à Pessoa com Deficiências (RCPD) (Viver Sem Limites); e Rede de Atenção à Saúde das Pessoas com Doenças Crônicas (RASPDC) (Brasil, 2015a).

5.4.1 Rede Cegonha

Normatizada pela Portaria n. 1.459, de 24 de junho de 2011, a Rede Cegonha é uma das RAS prioritárias para o SUS.

> Art. 1º A Rede Cegonha, instituída no âmbito do Sistema Único de Saúde, consiste numa rede de cuidados que visa assegurar à mulher o direito ao planejamento reprodutivo e à atenção humanizada à gravidez, ao parto e ao puerpério, bem como à criança o direito ao nascimento seguro e ao crescimento e ao desenvolvimento saudáveis. (Brasil, 2011c).

Uma Rede de Atenção Materno-Infantil deve ser organizada para garantir acesso seguro e humanizado à mulher em todos os momentos reprodutivos, desde o planejamento familiar, com acesso aos meios de anticoncepção, até o puerpério (até 28 dias depois do parto). Incluem-se, ainda, as condições de qualidade necessárias ao pré-natal e ao parto, bem como os cuidados com a saúde da criança.

A Portaria n. 4.279/2010 (Brasil, 2010a) define as RAS prioritárias, alinhadas com as necessidades da população brasileira e aponta as diretrizes que devem ser replicadas em cada esfera de governo.

> Art. 4º A Rede Cegonha deve ser organizada de maneira a possibilitar o provimento contínuo de ações de atenção à saúde materna e infantil para a população de determinado território, mediante a articulação dos distintos pontos de atenção à saúde, do sistema de apoio, do sistema logístico e da governança da rede de atenção à saúde, do sistema de apoio, do sistema logístico e da governança da rede de atenção à saúde em consonância com a Portaria n. 4.279/GM/MS, de 2010, a partir das seguintes diretrizes:
> I – garantia o acolhimento com avaliação e classificação de risco e vulnerabilidade, ampliação do acesso e melhoria da qualidade do pré-natal;
> II – garantia de vinculação da gestante à unidade de referência e ao transporte seguro;
> III – garantia das boas práticas e segurança na atenção ao parto e nascimento;
> IV – garantia da atenção à saúde das crianças de zero a vinte e quatro meses com qualidade e resolutividade; e
> V – garantia de acesso às ações do planejamento reprodutivo.

Fonte: Brasil, 2011c.

5.4.2 Rede de Atenção Psicossocial (Raps)

A Portaria n. 3.088, de 23 de dezembro de 2011 (Brasil, 2011e), institui a Raps, definida no SUS como prioritária, em virtude do perfil epidemiológico brasileiro. Essa portaria define a obrigatoriedade da desospitalização e desinstitucionalização, exigindo a organização para ampliar o acesso dos cidadãos aos pontos de atenção. O art. 1º da portaria aponta como finalidade da Raps

> a criação, ampliação e articulação de pontos de atenção à saúde para pessoas com sofrimento ou transtorno mental e com necessidades decorrentes do uso de crack, álcool e outras drogas, no âmbito do Sistema Único de Saúde (SUS). (Brasil, 2011e)

As diretrizes dessa rede são esmiuçadas no art. 2º da referida portaria, conforme demonstrado a seguir.

I – respeito aos direitos humanos, garantindo a autonomia e a liberdade das pessoas;
II – promoção da equidade, reconhecendo os determinantes sociais da saúde;
III – combate a estigmas e preconceitos;
IV – garantia do acesso e da qualidade dos serviços, ofertando cuidado integral e assistência multiprofissional, sob a lógica interdisciplinar;
V – atenção humanizada e centrada nas necessidades das pessoas;
VI – diversificação das estratégias de cuidado;
VII – desenvolvimento de atividades no território, que favoreça a inclusão social com vistas à promoção de autonomia e ao exercício da cidadania;
VIII – desenvolvimento de estratégias de Redução de Danos;
IX – ênfase em serviços de base territorial e comunitária, com participação e controle social dos usuários e de seus familiares;
X – organização dos serviços em rede de atenção à saúde regionalizada, com estabelecimento de ações intersetoriais para garantir a integralidade do cuidado;
XI – promoção de estratégias de educação permanente;
XII – desenvolvimento da lógica do cuidado para pessoas com transtornos mentais e com necessidades decorrentes do uso de crack, álcool e outras drogas, tendo como eixo central a construção do projeto terapêutico singular.

Fonte: Brasil, 2011e, art 2º.

As diretrizes apresentadas mostram que a Raps é voltada para a defesa dos direitos humanos das pessoas com transtornos mentais ou com necessidades decorrentes do uso de crack, álcool e outras drogas. Essas condições exigem uma rede de serviços que possa fornecer atenção integral, garantindo o respeito à individualidade, mediante projeto terapêutico singular, e a vinculação com os serviços de saúde da atenção básica, como o trabalho com equipes multiprofissionais.

Art. 5º A Rede de Atenção Psicossocial é constituída pelos seguintes componentes:

I – atenção básica em saúde, formada pelos seguintes pontos de atenção:

a) Unidade Básica de Saúde;

b) equipe de atenção básica para populações específicas:

1. Equipe de Consultório na Rua;

2. Equipe de apoio aos serviços do componente Atenção Residencial de Caráter Transitório;

c) Centros de Convivência;

II – atenção psicossocial especializada, formada pelos seguintes pontos de atenção:

a) Centros de Atenção Psicossocial, nas suas diferentes modalidades;

III – atenção de urgência e emergência, formada pelos seguintes pontos de atenção:

a) SAMU 192;

b) Sala de Estabilização;

c) UPA 24 horas;

d) portas hospitalares de atenção à urgência/pronto socorro;

e) Unidades Básicas de Saúde, entre outros;

IV – atenção residencial de caráter transitório, formada pelos seguintes pontos de atenção:

a) Unidade de Recolhimento;

b) Serviços de Atenção em Regime Residencial;

V – atenção hospitalar, formada pelos seguintes pontos de atenção:

a) enfermaria especializada em Hospital Geral;

b) Serviço Hospitalar de Referência para Atenção às pessoas com sofrimento ou transtorno mental e com necessidades decorrentes do uso de crack, álcool e outras drogas;

VI – estratégias de desinstitucionalização, formadas pelo seguinte ponto de atenção:

a) Serviços Residenciais Terapêuticos; e

VII – reabilitação psicossocial.

[...]

Art. 11. [...]

[...]

§ 3º O Programa de Volta para Casa, enquanto estratégia de desinstitucionalização, é uma política pública de inclusão social que visa contribuir e fortalecer o processo de desinstitucionalização, instituída pela Lei n. 10.708, de 31 de julho de 2003, que provê auxílio reabilitação para pessoas com transtorno mental egressas de internação de longa permanência.

Art. 12. O componente Reabilitação Psicossocial da Rede de Atenção Psicossocial é composto por iniciativas de geração de trabalho e renda/empreendimentos solidários/cooperativas sociais. (Brasil, 2011e)

Para saber mais

Para compreender a importância de organização da Raps, é necessário observar sua regulamentação na legislação. Consulte a Portaria n. 3.088/2011 para entender as características de cada serviço.

BRASIL. Ministério da Saúde. **Portaria n. 3.088, de 23 de dezembro de 2011.** Disponível em: <http://bvsms.saude.gov.br/bvs/saudelegis/gm/2011/prt3088_23_12_2011_rep.html>. Acesso em: 6 jul. 2020.

5.4.3 Rede de Cuidados à Pessoa com Deficiência (RCPD)

A Portaria n. 793, de 24 de abril de 2012, instituiu a Rede de Cuidados à Pessoa com Deficiência (RCPD) por meio da criação, ampliação e articulação de pontos de atenção à saúde para pessoas com deficiência temporária ou permanente, progressiva, regressiva ou estável, intermitente ou contínua, no âmbito do SUS (Brasil, 2012b, art. 1º). Em seu art. 2º, inciso XI, foram definidas as deficiências atendidas nessa Rede: "deficiência física, auditiva, intelectual, visual, ostomia e múltiplas deficiências, tendo como eixo central a construção do projeto terapêutico singular" (Brasil, 2012b).
Os serviços que participam da RCPD são:

- **Na Atenção Básica**: Núcleos de Apoio à Saúde da Família; Unidades Básicas de Saúde; e atenção odontológica.
- **Na Atenção Especializada em Reabilitação Auditiva, Física, Intelectual, Visual, Ostomia e em Múltiplas Deficiências**: Centros Especializados em Reabilitação (CER); estabelecimentos

de saúde habilitados em apenas um serviço de reabilitação; oficinas ortopédicas; e Centros de Especialidades Odontológicas (CEO).

» **Na Atenção Hospitalar e de Urgência e Emergência:** leitos de cuidados prolongados e centros cirúrgicos qualificados para a atenção odontológica a pessoas com deficiência.

Importante!

Art. 11 [...]
[...]
Parágrafo único. Os componentes da Rede de Cuidados à Pessoa com Deficiência serão articulados entre si, de forma a garantir a integralidade do cuidado e o acesso regulado a cada ponto de atenção e/ou aos serviços de apoio, observadas as especificidades inerentes e indispensáveis à garantia da equidade na atenção a estes usuários, quais sejam:
I – acessibilidade;
II – comunicação;
III – manejo clínico;
IV – medidas de prevenção da perda funcional, de redução do ritmo da perda funcional e/ou da melhora ou recuperação da função; e
V – medidas da compensação da função perdida e da manutenção da função atual.

Fonte: Brasil, 2012b.

5.4.4 Rede de Atenção à Saúde das Pessoas com Doenças Crônicas (RASPDC)

No Brasil, as discussões sobre elaboração de proposta de modelo de atenção às doenças crônicas foram fundamentadas por Eugênio Mendes (2012). O autor propõe um modelo a ser aplicado ao SUS baseado no Modelo de Atenção Crônica (cf. Malta et al., 2014), associando-o ao modelo explicativo de Determinação Social da Saúde (DSS). Esse modelo foi denominado *Modelo de Atenção às Condições Crônicas* (Macc).

Preste atenção!

As condições crônicas, especialmente as doenças crônicas, são diferentes. Elas se iniciam e evoluem lentamente. Usualmente, apresentam múltiplas causas que variam no tempo, incluindo hereditariedade, estilos de vida, exposição a fatores ambientais e a fatores fisiológicos. Em geral, faltam padrões regulares ou previsíveis para as condições crônicas. Ao contrário das condições agudas que, em geral, pode-se esperar uma recuperação adequada, as condições crônicas levam a mais sintomas e à perda de capacidade funcional. Cada sintoma pode levar a outros, num ciclo vicioso dos sintomas: condição crônica leva a tensão muscular que leva a dor que leva a estresse e ansiedade que leva a problemas emocionais que leva a depressão que leva a fadiga que leva a condição crônica [...].

Fonte: Mendes, 2011, p. 26.

O Macc inova ao orientar as intervenções em saúde de acordo com cinco níveis estruturados a partir da estratificação de risco da população e dos níveis de DSS. O Macc faz essa estratificação na presença de fatores de risco, complicações e comorbidades (Mendes, 2012). Com esse modelo, os serviços são organizados na oferta de consultas e atendimentos programados nas RAS segundo as necessidades das pessoas. A Figura 5.3 apresenta o Macc.

Figura 5.3 – Modelo de Atenção às Condições Crônicas (Macc)

```
                           Nível 5:
       Condição crônica   Gestão de      Determinantes sociais
       muito complexa       caso         individuais com condição
                                         de saúde e/ou fator de risco
                                         biopsicológico estabelecido.

                        Nível 4: Gestão da
    Condição crônica complexa  condição de saúde

      Condição crônica      Nível 3: Gestão da     Relação entre autocuidado/
      simples e/ou fator de  condição de saúde     atenção profissional
      risco biopsicológico

   Fator de risco ligado   Nível 2: Intervenções de prevenção   Determinantes sociais
   ao comportamento        das condições de saúde               da saúde próximas
   ou estilo de vida

                           Nível 1: Intervenções    Determinantes
      População total      de promoção da saúde     sociais da saúde
                                                    intermediários
```

Fonte: Mendes, 2012, p. 169.

De acordo com Mendes (2012), o primeiro nível do Macc engloba toda a população e dá ênfase aos determinantes sociais intermediários, que correspondem às condições de vida e trabalho, com proposta de intervenções de promoção da saúde. É importante destacar que as ações de promoção de saúde para toda a população, nesse nível, devem ser realizadas por meio de projetos intersetoriais, construídos em políticas públicas que promovam a melhoria da qualidade de vida.

No segundo nível, as intervenções de prevenção abrangem subpopulações com fatores de risco que envolvem o estilo de vida, como tabagismo, excesso de peso, atividade física insuficiente, alimentação não saudável e consumo prejudicial de álcool (Mendes, 2012).

O modelo de atenção proposto deve organizar um sistema de vigilância de fatores de risco para as condições crônicas em setores que estão fora do da saúde. Contudo, é necessário estabelecer estratégias de educação em saúde e apoio ao autocuidado para adoção de comportamentos saudáveis.

A atuação nos dois primeiros níveis caracteriza-se pela organização de ações de promoção da saúde e de prevenção de agravos. Nos três demais níveis, existe a condição crônica já estabelecida, que está presente em subpopulações menores que as contempladas nos dois primeiros níveis. A organização dos serviços de saúde para atuar nos três últimos níveis deve ocorrer mediante a estratificação de risco, buscando-se os mais vulneráveis para estabelecer a equidade no âmbito do SUS. As intervenções são baseadas em ações individuais.

A subpopulação com quadros menos complexos de condição crônica estão abrangidas no nível 3. A concentração de cuidado profissional é menor e o apoio ao autocuidado e à autogestão da condição crônica assume maior centralidade nas intervenções, além da vigilância e de estratégias de prevenção e estabilização (Mendes, 2012).

Condições crônicas complexas estratificadas como de maior risco e que exigem maior concentração de cuidado profissional estão nos níveis 4 e 5 do Macc. Essa subpopulação exigirá uma atenção em diferentes pontos das RAS, inclusive nas de alta complexidade (Mendes, 2012).

A Portaria n. 483, de 1º de abril de 2014, "Redefine a Rede de Atenção à Saúde das Pessoas com Doenças Crônicas no âmbito do Sistema Único de Saúde (SUS) e estabelece diretrizes para a organização das suas linhas de cuidado" (Brasil, 2014a).

O art. 2º define como crônicas as

> doenças que apresentam início gradual, com duração longa ou incerta, que, em geral, apresentam múltiplas causas e cujo tratamento envolva mudanças de estilo de vida, em um processo de cuidado contínuo que, usualmente, não leva à cura. (Brasil, 2014a)

Entenda o conceito de Linha de Cuidado (LC)

A LC é alimentada por recursos/insumos que expressam as tecnologias a serem consumidas pelos usuários durante o processo de assistência ao beneficiário, funcionando de forma sistêmica e operando vários serviços. Esta tem início na entrada do

> usuário em qualquer ponto do sistema que opere a assistência: seja no atendimento domiciliar, na equipe de saúde da família/atenção básica, em serviços de urgência, nos consultórios, em qualquer ponto onde haja interação entre o usuário e o profissional de saúde. A partir deste lugar de entrada, abre-se um percurso que se estende, conforme as necessidades do beneficiário, por serviços de apoio diagnóstico e terapêutico, especialidades, atenção hospitalar e outros. [...] A produção da saúde implica formatos institucionais que articulam respostas macro e microinstitucionais [...], ou seja, para equacionar o caminhar na LC, ordena-se tanto o processo de trabalho em saúde quanto demandas de organização do sistema de saúde e suas interfaces.

Fonte: Malta; Merhy, 2010, p. 595.

O art. 11 da Portaria n. 483/2014 indica os componentes da RASPDC: atenção básica; atenção especializada (ambulatorial especializado e hospitalar); urgência e emergência; sistemas de apoio e logísticos; regulação e governança.

Conforme já mencionamos, a atenção básica também é a porta de entrada prioritária para a organização da rede e deve funcionar como centro de comunicação entre os diversos pontos de atenção, sendo responsável por sua população e por ordenar o cuidado na busca da atenção integral, atuando de forma contínua no território (Brasil, 2014a, art. 12).

O art. 13 especifica as ações da atenção especializada para o cuidado na rede, estabelecendo diferenciação entre as atenções ambulatorial e hospitalar (Quadro 5.3), e define a atenção especializada como "conjunto de pontos de atenção com diferentes densidades tecnológicas para a realização de ações e serviços de urgência e emergência" (Brasil, 2014a, art. 13).

Quadro 5.3 – Diferenciação de ações entre atenção especializada ambulatorial e hospitalar para o cuidado na RASPDC

Atenção especializada	
Ambulatorial	Hospitalar
Art. 14 [...] conjunto de ações e serviços eletivos de média e alta densidade tecnológica, com a finalidade de propiciar a continuidade do cuidado.	Art. 15 [...] ponto de atenção estratégico voltado para as internações eletivas e/ou de urgência de pacientes agudos ou crônicos agudizados.
I – atuar de forma territorial, sendo referência para uma população definida [...].	I – realizar avaliação e tratamento dos casos referenciados pela Atenção Básica ou pelo subcomponente ambulatorial especializado [...].
II – prestar assistência ambulatorial eletiva de média e alta densidade tecnológica, de forma multiprofissional [...].	II – prestar cuidado integral e multiprofissional [...].
III – prestar apoio matricial às equipes da Atenção Básica [...].	III – programar alta hospitalar com a participação da equipe multiprofissional, realizando orientações com foco no autocuidado [...].
IV – realizar contrarreferência em casos de alta para os serviços de Atenção Básica [...].	IV – realizar contrarreferência e orientar o retorno dos usuários, em casos de alta, para os serviços da Atenção Básica e/ou do subcomponente ambulatorial [...].
V – orientar o usuário com relação ao retorno à Atenção Básica e/ ou ao acompanhamento [...].	V – Prestar apoio matricial às equipes de Atenção Básica [...].
VI – encaminhar para o subcomponente hospitalar da Atenção Especializada [...] quando esgotadas as possibilidades terapêuticas no subcomponente ambulatorial especializado [...].	

Fonte: Brasil, 2014a.

A urgência e a emergência são o

> conjunto de ações e serviços voltados aos usuários que necessitam de cuidados imediatos nos diferentes pontos de atenção, inclusive de acolhimento aos pacientes que apresentam agudização das condições crônicas. (Brasil, 2014a, art. 16)

A organização de uma rede de atenção para atendimento de urgência e emergência deve ser realizada com definição de fluxos estabelecidos pela regulação, respeitando-se a complexidade dos serviços, a necessidade de assistência das pessoas e a brevidade de atendimento para minimizar o risco de morte ou de dano definitivo. O art. 19 da Portaria n. 483/2014 indica o papel da Regulação na RASPDC, especialmente em seu parágrafo único, que determina a garantia do cuidado integral, com estratificação de risco e diretrizes clínicas para dar acesso às ações e aos serviços de saúde de média e de alta densidade tecnológica, conforme a necessidade de cada pessoa (Brasil, 2014a). Para organizar a Regulação, é necessário o estabelecimento de Centrais de Regulação ou de Complexos Reguladores (Brasil, 2014a, art. 19, parágrafo único).

Para a efetivação da RASPDC, é necessário integrá-la à Rede de Atenção às Urgências (RAU), pois pacientes com condições crônicas, quando entram em processos agudos, podem correr risco de morte ou de dano permanente.

Importante!

Art. 22. Todos os pontos de atenção à saúde, em especial os que integram os componentes da Rede de Atenção às Urgências e Emergências, prestarão o cuidado aos usuários com doenças crônicas agudizadas em ambiente adequado até a transferência ou encaminhamento dos usuários a outros pontos de atenção, quando necessário.

Fonte: Brasil, 2014a.

5.4.5 Rede de Atenção às Urgências (RAU)

A Portaria n. 1.600, de 7 de julho de 2011, é responsável pela reformulação da Política Nacional de Atenção às Urgências, e institui a RAU no SUS. Em seu art. 3º, a referida portaria define como finalidade dessa rede a atenção integral e humanizada, que deve ser fornecida de forma rápida e dentro das necessidades de cada paciente, com articulação entre os diversos pontos de atenção (Brasil, 2011d, art. 3º, parágrafo 1º). Isso objetiva garantir o acesso ao local certo no tempo adequado. Já o art. 4º, indicado a seguir, estabelece os componentes obrigatórios dessa rede:

> Art. 4º A Rede de Atenção às Urgências é constituída pelos seguintes componentes:
>
> I – Promoção, Prevenção e Vigilância à Saúde;
>
> II – Atenção Básica em Saúde;
>
> III – Serviço de Atendimento Móvel de Urgência (SAMU 192) e suas Centrais de Regulação Médica das Urgências;
>
> IV – Sala de Estabilização;
>
> V – Força Nacional de Saúde do SUS;
>
> VI – Unidades de Pronto Atendimento (UPA 24h) e o conjunto de serviços de urgência 24 horas;
>
> VII – Hospitalar; e
>
> VIII – Atenção Domiciliar. (Brasil, 2011d)

Cada componente da RAU deve ter bem estabelecido seu papel, a fim de evitar que o paciente seja deslocado para um ponto de atenção sem capacidade técnica para promover a assistência. O Quadro 5.4 apresenta o papel de alguns componentes dessa rede.

Quadro 5.4 – Ações e obrigações de cada componente da RAU

Componente	Papel
Promoção, Prevenção e Vigilância em Saúde	"Art. 5º [...] estimular e fomentar o desenvolvimento de ações de saúde e educação permanente voltadas para a vigilância e a prevenção das violências e acidentes, das lesões e mortes no trânsito e das doenças crônicas não transmissíveis, além de ações intersetoriais, de participação e mobilização da sociedade visando a promoção da saúde, prevenção de agravos e vigilância á saúde".
Atenção Básica	"Art. 6º [...] ampliação do acesso, o fortalecimento do vínculo e a responsabilização e o primeiro cuidado às urgências e emergências, em ambiente adequado, até a transferência/encaminhamento [dos pacientes] a outros pontos de atenção, quando necessário, com a implantação de acolhimento com avaliação de riscos e vulnerabilidades".
Serviço de Atendimento Móvel de Urgência (SAMU[2])	"Art. 7º [...] chegar precocemente à vítima após ter ocorrido um agravo à sua saúde (de natureza clínica, cirúrgica, traumática, obstétrica, pediátricas, psiquiátricas, entre outras) que possa levar a sofrimento, sequelas ou mesmo à morte, sendo necessário, garantir atendimento e/ou transporte adequado para um serviço de saúde devidamente hierarquizado e integrado ao SUS".
Centrais de Regulação Médica de Urgências	Parte integrante do Samu 192. "Estrutura física com a atuação de profissionais médicos, telefonistas auxiliares de regulação médica e rádio-operadores (RO) capacitados em regulação dos chamados telefônicos que demandem orientação e/ou atendimento de urgência, por meio de uma classificação e priorização das necessidades de assistência em urgência [...], além de ordenar o fluxo efetivo das referências e contrarreferências dentro da Rede de Atenção à Saúde" (Brasil, 2013d, p. 26).
Sala de Estabilização	Equipamento de saúde "que deverá atender às necessidades assistenciais de estabilização do paciente grave/crítico em municípios de grandes distâncias e/ou isolamento geográfico, bem como lugares de difícil acesso considerados como vazios assistenciais para a urgência e emergência" (Brasil, 2013d, p. 33).

(continua)

---

2 O SAMU é normatizado pela Portaria MS/GM n. 1.010, de 21 de maio de 2012.

(Quadro 5.4 – conclusão)

Unidades de Pronto Atendimento (UPA 24h) e o Conjunto de Serviços de Urgência 24 Horas	Estruturas "de complexidade intermediária entre as unidades básicas de saúde, unidades de saúde da família e a rede hospitalar, devendo funcionar 24h por dia, todos os dias da semana, e compor uma rede organizada de atenção às urgências e emergências, com pactos e fluxos previamente definidos, com o objetivo de garantir o acolhimento aos pacientes, intervir em sua condição clínica e contrarreferenciá-los para os demais pontos de atenção da RAS, para os serviços da atenção básica ou especializada ou para internação hospitalar, proporcionando a continuidade do tratamento com impacto positivo no quadro de saúde individual e coletivo da população" (Brasil, 2013d, p. 37).

Fonte: Elaborado com base em Brasil, 2011d; Brasil, 2013d.

A RAU é complexa e atende a diferentes condições (clínicas, cirúrgicas, traumatológicas, de saúde mental etc.). Seus diferentes pontos de atenção devem estar articulados para dar conta das diversas ações necessárias ao atendimento de situações de urgência, com seus componentes atuando de forma integrada, articulada e sinérgica (Brasil, 2013d).

Preste atenção!

A Rede de Atenção à Saúde Bucal, apesar de não estar presente nas Redes de Atenção prioritárias, tem-se estabelecido em várias experiências no Brasil. Godoi, Melo e Caetano (2014) estudaram a RAS bucal em municípios de Santa Catarina com mais de 100 mil habitantes e identificaram limitações na conformação da Rede, na estrutura e nos modelos de atenção, o que provoca dificuldades no desempenho em todos os níveis de atenção, em especial no grau de integração entre seus pontos de atenção. Existem limitações na oferta de serviços e nos fluxos para atenção saúde especializada (terciária), mesmo estando presentes serviços de saúde bucal (atenção básica, de média e de alta complexidade).

A Secretaria Estadual de Saúde do Estado do Paraná (Sesa-PR) implantou a Rede de Atenção à Saúde Bucal fundamentada no marco conceitual da RAS proposta por Mendes (2011).

A Rede de Atenção à Saúde Bucal é definida como um "conjunto de ações que envolve o controle das doenças bucais, através da promoção da saúde, prevenção em saúde, limitação dos danos causados pelas doenças e reabilitação integral do paciente" (Paraná, 2016, p. 11).

A Sesa-PR organizou a rede com a implantação de Estratificação de Risco. Essa estratificação envolve o atendimento de atenção primária, nas Unidades de Atenção Primária; o atendimento secundário, nos CEO; e o atendimento terciário, nas unidades hospitalares (Paraná, 2016).

Síntese

Neste capítulo, indicamos o papel da atenção básica como porta de entrada prioritária do SUS e como forma de organizar a atenção integral para a população do território adscrito. Os níveis de atenção de média e de alta complexidade, tanto ambulatorial quanto hospitalar, fazem parte da organização das Redes de Atenção à Saúde (RAS), segundo os princípios da hierarquização, da equidade e da descentralização.

Também apresentamos as redes prioritárias para o SUS (Rede Cegonha, Rede de Atenção às Urgências, Rede de Atenção Psicossocial, Rede de Cuidados à Pessoa com Deficiência e Rede de Atenção à Saúde das Pessoas com Doenças Crônicas) e, em especial, seu objetivo e a articulação entre seus componentes.

Questões para revisão

1. De acordo com o Decreto n. 7.508/2011, como devem ser organizadas as regiões de saúde?

2. Indique os pontos que devem ser organizados em uma Rede de Atenção à Saúde da Mulher no que se refere à mulher e à criança, tendo em vista as determinações da Portaria n. 1.459/2011.

3. Analise as afirmações a seguir sobre as Redes de Atenção à Saúde (RAS) prioritárias no Brasil:
   I) A atenção básica é porta de entrada e coordena as necessidades dos usuários em todas as redes de atenção prioritárias.
   II) A Rede de Atenção à Saúde da Mulher organiza a assistência para gestantes.
   III) As Redes de Atenção Psicossocial (Raps) e Cuidados à Pessoa com Deficiência (RCPD) são organizadas para cuidados integrais e não contam com a participação da atenção básica.
   IV) O Serviço de Atendimento Móvel de Urgência (Samu) e a Unidades de Pronto Atendimento (UPA) fazem parte da Rede de Atenção às Urgências (RAU).

   Agora, assinale a alternativa correta:

   a) As afirmativas I, II e IV estão corretas.
   b) As afirmativas I e III estão corretas.
   c) As afirmativas I, III e IV estão corretas.
   d) As afirmativas II e IV estão corretas.

4. Para a organização da política de saúde brasileira, foi proposta a implantação das Redes de Atenção à Saúde (RAS). Assim, é possível afirmar:

   a) As RAS promovem a organização piramidal do sistema de saúde.
   b) Participam da RAS somente as atenções básica e especializada.
   c) A RAS deve ser aplicada exclusivamente na linha de cuidado materno-infantil.
   d) Trata-se de uma estrutura para dar suporte ao cuidado, em uma linha de cuidado, desde a atenção básica até o mais alto nível de complexidade.

5. O Decreto n. 7.508/2011 regulamentou a Relação Nacional de Medicamentos Essenciais (Rename) para o Sistema Único de Saúde (SUS). Analise as afirmativas a seguir e assinale com V as verdadeiras e F as falsas:

( ) Toda pessoa tem direito ao acesso universal e igualitário à assistência farmacêutica quando assistida pelo plano de saúde.
( ) Os medicamentos da Rename devem estar contemplados em protocolos clínicos e diretrizes terapêuticas.
( ) O direito ao medicamento implica estar assistido por ações e serviços de saúde do SUS em conformidade com a Rename.
( ) Qualquer medicamento, mesmo sem registro na Anvisa, faz parte da Rename.

Agora, assinale a alternativa que apresenta a sequência correta:

a) F, V, V, F.
b) V, F, F, V.
c) V, F, F, F.
d) F, V, V, V.

Questões para reflexão

1. Reflita sobre a importância da atenção básica (unidades básicas de saúde) para a estruturação da política de saúde no trabalho em Redes de Atenção à Saúde (RAS).

2. A Conferência Internacional sobre Cuidados Primários de Saúde, realizada em Alma-Ata, contribuiu para definir a organização de sistemas de saúde pautados na atenção básica. Como um sistema deve ser organizado em redes de atenção sem a presença desse nível?

Raquel Ferraro Cubas

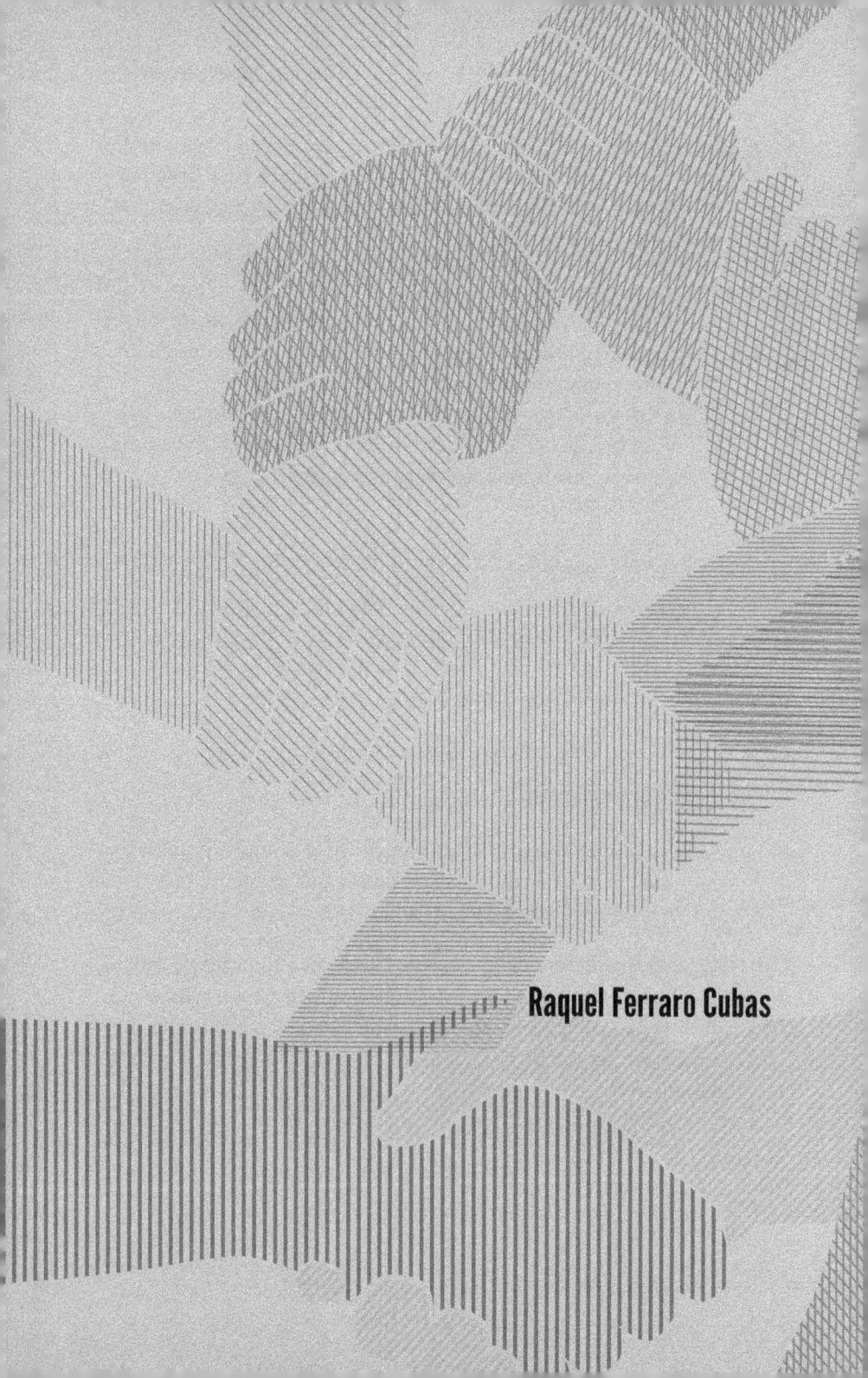

CAPÍTULO 6

Promoção da saúde

Conteúdos do capítulo

- Conceitos de prevenção de doenças e promoção da saúde.
- Breve histórico sobre a promoção da saúde.
- As conferências internacionais de promoção da saúde.
- A promoção da saúde no Brasil – avanços e desafios.

Após o estudo deste capítulo, você será capaz de:

1. explicar os conceitos de prevenção de doenças e promoção da saúde;
2. examinar o debate da promoção da saúde ao longo da história;
3. reconhecer os temas centrais das conferências internacionais de promoção da saúde;
4. interpretar a Política Nacional de Promoção da Saúde (PNPS) brasileira;
5. reconhecer os principais avanços e desafios da promoção da saúde no Brasil.

A saúde é um direito humano fundamental reconhecido por todos os foros mundiais e todas as sociedades. O Sistema Único de Saúde (SUS) contempla, em suas bases, o conceito ampliado de saúde, definida como "resultante das condições de alimentação, habitação, educação, renda, meio ambiente, trabalho, transporte, emprego, lazer, liberdade, acesso e posse da terra e acesso aos serviços de saúde" (Brasil, 1986, p. 4). Nessa perspectiva, torna-se cada vez mais importante a busca pela melhoria da qualidade de vida, de modo a reduzir a vulnerabilidade do indivíduo ao adoecer e a diminuir as possibilidades de sofrimento e de morte prematura de indivíduos e populações.

Tendo isso em vista, neste capítulo, discorreremos sobre a promoção da saúde, a importância das ações intersetoriais e o papel do setor da saúde e de outros setores, governamentais e não governamentais. Apresentaremos, também, os marcos e os movimentos de promoção da saúde no mundo e no Brasil, indicando alguns avanços e desafios que se apresentam para o país e que exigem ações mais efetivas para seu enfrentamento.

6.1 Conceitos de prevenção de doenças e de promoção da saúde

A Declaração Universal de Direitos Humanos, instituída pela Organização das Nações Unidas (ONU) em 1948, reconhece a saúde como direito de todos os seres humanos. Em 1988, o Brasil estabeleceu acesso universal à saúde na Constituição Federal (Brasil, 1988). Pesquisadores e cientistas reconhecem que saúde e qualidade de vida são dois temas estreitamente relacionados, ou seja, a saúde contribui para "melhorar a qualidade de vida e esta é fundamental para que um indivíduo ou comunidade tenha saúde. Em síntese, promover a saúde é promover a qualidade de vida" (Buss, 2010).

O cuidado integral com a saúde implica, além do tratamento às pessoas doentes, ações de prevenção de doenças e de promoção da saúde. Esses conceitos são comumente confundidos ou erroneamente definidos como sinônimos.

A **prevenção de doenças** refere-se à busca para garantir que os sujeitos não sejam acometidos por nenhuma enfermidade, ou para que saiam dessa condição o quanto antes. Nessa perspectiva, o grande objetivo da prevenção é **evitar a doença** (Ávila; Pitombeira; Catrib, 2016). Com as ações preventivas pretende-se, portanto, evitar o surgimento de doenças específicas, em especial o controle da transmissão de doenças infecciosas e a redução do risco de doenças degenerativas (Czeresnia; Freitas, 2009).

De acordo com o Ministério da Saúde (Brasil, 2017d), uma importante medida para a prevenção de doenças é a **vacinação**, que pode evitar infecções por vírus ou bactérias. Ao se aplicar vacina em um grupo de pessoas, são beneficiados não apenas os que foram imunizados, mas também toda a comunidade daquela região, que tem menos chances de contrair a doença.

Exemplo prático

Pandemia do novo Coronavírus e as ações de prevenção

Em 31 de dezembro de 2019, o escritório da Organização Mundial da Saúde (OMS) foi informado sobre casos de pneumonia de etiologia desconhecida, detectados na cidade de Wuhan, na Província de Hubei, parte central da China. Em 12 de janeiro de 2020, a China divulgou a sequência genética de um novo Coronavírus (2019-nCov), responsável por essas infecções.

O novo Coronavírus, que causa a covid-19, pode ser transmitido pelo toque do aperto de mão, pelas gotículas respiratórias, por tosses e espirros em curta distância ou pelo contato com objetos contaminados, semelhante a outros vírus respiratórios (Brasil, 2020d).

No início de 2020, ocorreram grandes surtos em diversos países, o que levou a OMS a declarar o estado de contaminação de covid-19 como pandemia no dia 11 de março do mesmo ano. O aumento rápido do número de casos levou o sistema de saúde de diversos países ao esgotamento, o que provocou milhares de mortes.

Diante desse cenário e da indisponibilidade de medicamentos e vacinas específicas contra o novo Coronavírus, a OMS preconizou medidas de prevenção da disseminação do vírus como as estratégias mais eficientes no combate à pandemia. As orientações para os governos e as populações foram a adoção do distanciamento social, da etiqueta respiratória (ao tossir ou espirrar, cobrir nariz e boca com lenço ou com o braço, e não com as mãos) e higienização das mãos (Brasil, 2020e).

A **promoção da saúde**, por sua vez, não se dirige a determinada doença. Refere-se a medidas bem mais amplas, que servem para aumentar a saúde e o bem-estar gerais da população (Buss, 2010). A promoção da saúde está associada

> a um conjunto de valores: qualidade de vida, saúde, solidariedade, equidade, democracia, cidadania, desenvolvimento, participação e parceria, entre outros. Refere-se também a uma combinação de estratégias: ações do Estado (políticas públicas saudáveis), da comunidade (reforço da ação comunitária), de indivíduos (desenvolvimento de habilidades pessoais), do sistema de saúde (reorientação do sistema de saúde) e de parcerias intersetoriais. Isto é, trabalha com a ideia de responsabilização múltipla, seja pelos problemas, seja pelas soluções propostas para os mesmos. (Buss, 2000, p. 165)

A Política Nacional de Promoção da Saúde (PNPS) do Brasil, publicada em 2006 e revisada em 2015, reconhece que

> a promoção da saúde é um conjunto de estratégias e formas de produzir saúde, no âmbito individual e coletivo, que se caracteriza pela articulação e cooperação intrassetorial e intersetorial e pela formação da Rede de Atenção à Saúde, buscando se articular com as demais redes de proteção social, com ampla participação e amplo controle social. Assim, reconhece as demais políticas e tecnologias existentes visando à equidade e à qualidade de vida, com redução de vulnerabilidades e riscos à saúde decorrentes dos determinantes sociais, econômicos, políticos, culturais e ambientais.

[...]

> Assim, a promoção da saúde deve considerar a autonomia e a singularidade dos sujeitos, das coletividades e dos territórios, pois as formas como eles elegem seus modos de viver, como organizam suas escolhas e como criam possibilidades de satisfazer suas necessidades dependem não apenas da vontade ou da liberdade individual e comunitária, mas estão condicionadas e determinadas pelos contextos social, econômico, político e cultural em que eles vivem. (Brasil, 2015b, p. 7-8)

Diante do exposto, podemos afirmar que a promoção da saúde refere-se a medidas bem mais abrangentes que a prevenção. Dessa forma, ela não é exclusiva do setor saúde e exige o envolvimento de outros setores governamentais e não governamentais, incluindo o setor privado e a sociedade civil.

Curiosidade

A Poliomielite, também chamada de pólio ou paralisia infantil, é uma doença contagiosa aguda causada pelo poliovírus, que pode infectar crianças e adultos por meio do contato direto com fezes ou com secreções eliminadas pela boca das pessoas doentes e provocar ou não paralisia. Nos casos graves, em que acontecem as paralisias musculares, os membros inferiores são os mais atingidos.

[...]

No Brasil, o último caso de infecção pelo poliovírus selvagem ocorreu em 1989, na cidade de Souza/PB.

Fonte: Brasil, 2020b.

6.2 Equidade em saúde

A promoção da saúde está associada ao conceito da equidade, que é um princípio do SUS. A equidade norteia as políticas brasileiras de saúde pública e tem relação direta com os conceitos de igualdade e justiça social (Fiocruz, 2020c).

Whitehead (1990, citado por Malta, 2001) esclarece que a equidade em saúde trata da superação de desigualdades que são evitáveis e consideradas injustas. Além disso, reconhece que a população tem necessidades diferenciadas, que devem ser atendidas por meio de ações governamentais também diferenciadas.

Assim, podemos ressaltar que, apesar de todos terem direito aos serviços, as pessoas não são iguais e, por isso, têm necessidades distintas. Em outras palavras, equidade significa oferecer mais a quem mais precisa e menos a quem requer menos cuidados.

6.3 Promoção da saúde: um breve histórico

O movimento de promoção da saúde surgiu formalmente no Canadá, em maio de 1974, com a divulgação do documento conhecido como *Informe Lalonde*, que levou o nome do ministro da saúde daquele país à época. O documento apresentou um novo conceito de saúde, apontando que as principais causas dos problemas têm origens em outros componentes: biologia humana, meio ambiente e estilos de vida (Buss, 2000).

Em 1978, em Alma-Ata, na antiga União Soviética, ocorreu a Conferência Internacional sobre Cuidados Primários de Saúde. Promovido pelo Fundo das Nações Unidas para a Infância (Unicef) e pela OMS, o encontro reuniu representantes de mais de 130 países para discutir a saúde mundial. Nesse evento, foi enfatizada a necessidade de se integrar os cuidados com atenção médica e o combate aos fatores determinantes da doença (Ávila; Pitombeira; Catrib, 2016). Como resultado, foi elaborada a Declaração de Alma-Ata, que expressou "a necessidade de ação urgente de todos os governos, de todos os que trabalham nos campos da saúde e do desenvolvimento e da comunidade mundial para promover a saúde de todos os povos do mundo" (OMS, 1978).

De acordo com Buss (2010), as conclusões e recomendações de Alma-Ata tiveram um importante papel para a promoção da saúde, pois, além de reforçarem o tema, resultaram na Primeira Conferência Internacional sobre Promoção da Saúde, realizada em Ottawa, Canadá, em 1986, conforme demonstraremos a seguir.

6.3.1 As Conferências Internacionais de Promoção da Saúde e a Comissão sobre Determinantes Sociais da Saúde

O conceito amplo de saúde tem gerado discussões nas conferências internacionais de promoção da saúde. O tema passou a ganhar destaque especialmente a partir da década de 1980, quando foi realizada a Primeira Conferência Internacional sobre Promoção da Saúde, em colaboração com a OMS e a Associação Canadense de Saúde Pública. Na ocasião, foi produzida a Carta de Ottawa, documento que se tornou referência para as conferências em anos posteriores.

> Promoção da saúde é o nome dado ao processo de capacitação da comunidade para atuar na melhoria de sua qualidade de vida e saúde, incluindo uma maior participação no controle deste processo. Para atingir um estado de completo bem-estar físico, mental e social os indivíduos e grupos devem saber identificar aspirações, satisfazer necessidades e modificar favoravelmente o meio ambiente. A saúde deve ser vista como um recurso para a vida, e não como objetivo de viver. Nesse sentido, a saúde é um conceito positivo, que enfatiza os recursos sociais e pessoais, bem como as capacidades físicas. Assim, a promoção da saúde não é responsabilidade exclusiva do setor de saúde, e vai para além de um estilo de vida saudável, na direção de um bem-estar global. (Primeira Conferência Internacional sobre Promoção da Saúde, 1986, p. 1)

Ainda tendo como premissas as decisões da Conferência Internacional de Alma-Ata, as conferências internacionais posteriores trouxeram contribuições importantes.

> **Compromissos internacionais referentes à promoção da saúde**
>
> - Ottawa (Canadá, 1986): [...] essa conferência definiu o papel das pessoas e das organizações na criação de oportunidades e escolhas saudáveis. Foi elaborada a Carta de Ottawa, com enfoque na qualidade de vida, com cinco campos de ações: construir políticas públicas saudáveis; criar ambientes favoráveis à saúde; fortalecer a ação comunitária; desenvolver habilidades pessoais; e reorientar serviços de saúde.
> - Adelaide (Austrália, 1988): foi importante para realizar o comprometimento político dos governos.
> - Sundsvall (Suécia, 1991): foram definidos os ambientes de suporte à promoção de saúde com o objetivo de desenvolvimento sustentável.
> - Rio de Janeiro (Brasil, 1992): foi estudada a integração do conceito de meio ambiente e de sustentabilidade para a promoção de saúde.
> - Jacarta (Indonésia, 1997): estabeleceu estratégias para a promoção de saúde.
> - Cidade do México (México, 2000): definiu que a promoção de saúde deve trabalhar para a redução de desigualdades.
> - Bangkok (Tailândia, 2005): reforçou a relação entre as políticas públicas e a sociedade para atuação sobre os determinantes da saúde, a fim de diminuir as desigualdades sociais.
>
> Fonte: Busato, 2016, p. 179.

No ano de 2009, em Nairobi, capital do Quênia, ocorreu a VII Conferência Internacional de Promoção da Saúde, sob o lema "Promovendo a saúde e o desenvolvimento: quebrar as lacunas de implementação", que resultou no documento Nairobi Chamada à Ação (WHO, 2020). A VIII Conferência Internacional de Promoção da Saúde foi realizada em 2013, em Helsinki, na

Finlândia. Nesse encontro, foi elaborada a Declaração de Helsinki sobre Saúde em Todas as Políticas, cujo enfoque é a responsabilidade dos governos no atingimento da equidade e da saúde da população (WHO, 2013).

Em março de 2005, a OMS criou a Comissão sobre Determinantes Sociais da Saúde (Commission on Social Determinants of Health – CSDH). No Brasil, em 13 de março de 2006, foi criada a Comissão Nacional sobre Determinantes Sociais da Saúde (CNDSS). A criação dessa comissão, integrada por representantes de diferentes segmentos da sociedade, é uma expressão do reconhecimento de que a saúde é um bem público construído com a participação de todos os setores da sociedade brasileira. Os objetivos da CNDSS, estabelecidos no decreto presidencial que a criou, foram: gerar informações e conhecimentos sobre os determinantes sociais da saúde no Brasil; contribuir para a formulação de políticas que promovam a equidade em saúde; e mobilizar diferentes instâncias do governo e da sociedade civil sobre esse tema (CNDSS, 2008).

O que são determinantes sociais da saúde?

Para a CNDSS, os determinantes sociais da saúde são os fatores sociais, econômicos, culturais, étnicos/raciais, psicológicos e comportamentais que influenciam a ocorrência de problemas de saúde e seus fatores de risco na população. A comissão homônima da OMS adota uma definição mais curta, segundo a qual tais determinantes são as condições sociais em que as pessoas vivem e trabalham (Buss; Pellegrini Filho, 2007).

Para saber mais

Para compreender melhor o impacto dos determinantes sociais na situação de saúde da população, acesse o relatório a seguir. CNDSS – Comissão Nacional sobre Determinantes Sociais da Saúde. **As causas sociais das iniquidades em saúde no Brasil.** 2008. Disponível em: <http://bvsms.saude.gov.br/bvs/publicacoes/causas_sociais_iniquidades.pdf>. Acesso em: 6 jul. 2020.

6.4 A promoção da saúde no Brasil

No Brasil, o movimento de promoção da saúde tem sido crescente, podendo ser identificado desde a reforma sanitária, que teve como marco a VIII Conferência Nacional de Saúde.

> Nesse contexto, a Constituição Federal de 1988 instituiu o SUS e veio assegurar o acesso universal dos cidadãos às ações e aos serviços de saúde, a integralidade da assistência com igualdade, sem preconceitos ou privilégios de qualquer espécie e com ampla participação social, capaz de responder pela promoção, prevenção, proteção e recuperação da saúde, conforme as necessidades das pessoas.
>
> O SUS, na Lei Orgânica da Saúde (Lei n. 8080, de 19 de setembro de 1990), incorporou o conceito ampliado de saúde resultante dos modos de vida, de organização e de produção em um determinado contexto histórico, social e cultural, buscando superar a concepção da saúde como ausência de doença, centrada em aspectos biológicos. (Brasil, 2015b, p. 7)

Em 2006, foi elaborada, pelo Ministério da Saúde, a PNPS, que tinha por objetivo promover a qualidade de vida e reduzir a vulnerabilidade e os riscos de saúde relacionados aos seus determinantes e condicionantes. Nesse documento, foi estabelecida a responsabilidade de cada esfera de gestão (federal, estadual e municipal) na operacionalização das ações. Ademais, "desde a institucionalização da PNPS, em 2006, muitos acontecimentos desenharam novos cenários, interferindo na discussão da promoção da saúde" (Brasil, 2015b, p. 9). Nesse período,

Ocorreram também mudanças na legislação, incluindo a publicação do Decreto n. 7.508, de 2011, que regulamentou a Lei Orgânica da Saúde (Lei n. 8.080/1990), dispondo sobre a articulação interfederativa, com ênfase na equidade entre as regiões de saúde; e a publicação da Lei Complementar n. 141, de 2012, que normatizou a Emenda Constitucional n. 29 e estabeleceu os critérios de rateio e de transferência de recursos na saúde, além das normas de fiscalização, avaliação e controle das despesas com saúde nas três esferas de governo. (Brasil, 2015b, p. 9)

Os princípios e os objetivos da PNPS estão sintetizados no Quadro 6.1, a seguir.

Quadro 6.1 – Política Nacional de Promoção da Saúde (PNPS)

Valores e princípios	a) reconhece a subjetividade das pessoas e dos coletivos no processo de atenção e cuidado em defesa da saúde e da vida; b) considera a solidariedade, a felicidade, a ética, o respeito às diversidades, a humanização, a corresponsabilidade, a justiça e a inclusão social como valores fundantes no processo de sua concretização; c) adota como princípios a equidade, a participação social, a autonomia, o empoderamento, a intersetorialidade, a intrassetorialidade, a sustentabilidade, a integralidade e a territorialidade.
Objetivo geral	Promover a equidade e a melhoria das condições e dos modos de viver, ampliando a potencialidade da saúde individual e coletiva e reduzindo vulnerabilidades e riscos à saúde decorrentes dos determinantes sociais, econômicos, políticos, culturais e ambientais.
Objetivos específicos	I) Estimular a promoção da saúde como parte da integralidade do cuidado na Rede de Atenção à Saúde, articulada às demais redes de proteção social. II) Contribuir para a adoção de práticas sociais e de saúde centradas na equidade, na participação e no controle social, a fim de reduzir as desigualdades sistemáticas, injustas e evitáveis, respeitando as diferenças de classe social, de gênero, de orientação sexual e a identidade de gênero; entre gerações; étnico-raciais; culturais; territoriais; e relacionadas às pessoas com deficiências e necessidades especiais.

(continua)

(Quadro 6.1 – conclusão)

Objetivos específicos	III) Favorecer a mobilidade humana e a acessibilidade; o desenvolvimento seguro, saudável e sustentável. IV) Promover a cultura da paz em comunidades, territórios e municípios. V) Apoiar o desenvolvimento de espaços de produção social e ambientes saudáveis, favoráveis ao desenvolvimento humano e ao bem-viver. VI) Valorizar os saberes populares e tradicionais e as práticas integrativas e complementares. VII) Promover o empoderamento e a capacidade para a tomada de decisão, e também a autonomia de sujeitos e de coletividades, por meio do desenvolvimento de habilidades pessoais e de competências em promoção e defesa da saúde e da vida. VIII) Promover processos de educação, de formação profissional e de capacitação específicos em promoção da saúde, de acordo com os princípios e os valores expressos nesta Política, para trabalhadores, gestores e cidadãos. IX) Estabelecer estratégias de comunicação social e de mídia direcionadas tanto ao fortalecimento dos princípios e das ações em promoção da saúde quanto à defesa de políticas públicas saudáveis. X) Estimular a pesquisa, a produção e a difusão de conhecimentos e de estratégias inovadoras no âmbito das ações de promoção da saúde. XI) Promover meios para a inclusão e a qualificação do registro de atividades de promoção da saúde e da equidade nos sistemas de informação e de inquéritos, permitindo a análise, o monitoramento, a avaliação e o financiamento das ações. XII) Fomentar discussões sobre os modos de consumo e de produção que estejam em conflito de interesses com os princípios e com os valores da promoção da saúde e que aumentem vulnerabilidades e riscos à saúde. XIII) Contribuir para a articulação de políticas públicas inter e intrassetoriais com as agendas nacionais e internacionais.

Fonte: Brasil, 2015b, p. 10-12.

A PNPS define, ainda, os temas transversais, que são referência para a formulação de agendas de promoção da saúde. São eles:

> I – Determinantes Sociais da Saúde (DSS), equidade e respeito à diversidade [...];

II – desenvolvimento sustentável [...];

III – produção de saúde e cuidado [...];

IV – ambientes e territórios saudáveis [...];

V – vida no trabalho [...];

VI – cultura da paz e direitos humanos [...].

[...]

Os eixos operacionais são estratégias para concretizar ações de promoção da saúde, respeitando os valores, princípios, objetivos e diretrizes da PNaPS.

São eixos operacionais da PNaPS:

I – Territorialização, enquanto estratégia operacional:

a) reconhece a regionalização como diretriz do SUS e como eixo estruturante para orientar a descentralização das ações e serviços de saúde e para organizar a Rede de Atenção à Saúde;

b) considera a abrangência das regiões de saúde e sua articulação com os equipamentos sociais nos territórios;

c) observa as pactuações interfederativas, a definição de parâmetros de escala e acesso, e a execução de ações que identifiquem singularidades territoriais para o desenvolvimento de políticas, programas e intervenções, ampliando as ações de promoção à saúde e contribuindo para fortalecer identidades regionais;

II – Articulação e cooperação intra e intersetorial, entendidas como compartilhamento de planos, metas, recursos e objetivos comuns entre os diferentes setores e entre diferentes áreas do mesmo setor;

III – Rede de Atenção à Saúde (RAS), enquanto estratégia operacional, necessita:

a) transversalizar a promoção na Rede de Atenção à Saúde favorecendo práticas de cuidado humanizadas, pautadas nas necessidades locais, na integralidade do cuidado, articulando com todos os equipamentos de produção da saúde do território;

b) articular com as demais redes de proteção social, vinculando o tema a uma concepção de saúde ampliada, considerando o papel e a organização dos diferentes setores e atores, que, de forma integrada e articulada por meio de objetivos comuns, atuem na promoção da saúde;

IV – Participação e controle social, que compreende a ampliação da representação e da inclusão de sujeitos na elaboração de políticas públicas e nas decisões relevantes que afetam a vida dos indivíduos, da comunidade e dos seus contextos;

V – Gestão, entendida como a necessidade de priorizar os processos democráticos e participativos de regulação e controle, planejamento, monitoramento, avaliação, financiamento e comunicação;

VI – Educação e formação, enquanto incentivo à atitude permanente de aprendizagem sustentada em processos pedagógicos problematizadores, dialógicos, libertadores, emancipatórios e críticos;

VII – Vigilância, monitoramento e avaliação, enquanto uso de múltiplas abordagens na geração e análise de informações sobre as condições de saúde de sujeitos e grupos populacionais visando subsidiar decisões, intervenções e implantar políticas públicas de promoção da saúde;

VIII – Produção e disseminação de conhecimentos e saberes, enquanto estímulo a uma atitude reflexiva e resolutiva sobre problemas, necessidades e potencialidades dos coletivos em cogestão, compartilhando e divulgando os resultados de maneira ampla com a coletividade; e

IX – Comunicação social e mídia, enquanto uso das diversas expressões comunicacionais, formais e populares, para favorecer a escuta e a vocalização dos distintos grupos envolvidos, contemplando informações sobre o planejamento, execução, resultados, impactos, eficiência, eficácia, efetividade e benefícios das ações. (Brasil, 2014c, p. 7-9)

Também é importante ressaltar que

A PNPS revisada aponta a necessidade de articulação com outras políticas públicas para fortalecê-la, com o imperativo da participação social e dos movimentos populares, em virtude da impossibilidade de que o setor Sanitário responda sozinho ao enfrentamento dos determinantes e condicionantes da saúde. (Brasil, 2015b, p. 6)

A PNPS, ao propor mudanças no trabalho em saúde com vistas a promover a saúde e a qualidade de vida, está em conformidade com a Declaração de Adelaide (OMS, 2010) e com a Declaração de Helsinki sobre Saúde em Todas as Políticas (OMS, 2013). De acordo com esses documentos, as bases da saúde e do bem-estar encontram-se fora do setor das aúde, sendo mais fácil alcançar os objetivos do governo quando todos os setores incorporam tais bases para o desenvolvimento de políticas (Brasil, 2015b).

6.4.1 A promoção da saúde no Brasil: avanços e desafios

Malta et al. (2016) analisaram, em seu estudo, a implementação das ações e estratégias adotadas no Brasil após uma década do lançamento da PNPS. Os autores apontam importantes avanços: o monitoramento de indicadores como sedentarismo e tabagismo nas capitais; a implantação de núcleos de prevenção de violências e de promoção da saúde; a notificação de violência doméstica e sexual etc.

Além desses avanços, Malta et al. (2016) também apontaram as novas formas de financiamento implantadas pelo Ministério da Saúde para projetos ou programas de promoção da saúde. Como destaque, tem-se o programa de promoção da prática de atividade física e alimentação saudável; a prevenção ao tabagismo; a implementação de núcleos de prevenção de violência, de vigilância e de prevenção de lesões e mortes no trânsito; o financiamento dado a municípios para ações de prevenção de violência e acidentes; e a promoção da cultura da paz. Ainda de acordo com Malta et al. (2016), apesar desses ganhos, persiste o desafio de avançar na ação intersetorial, buscando-se a promoção da saúde no ambiente de trabalho, na comunidade, na mobilidade urbana, na inclusão de pessoas com deficiência e de idosos.

As **doenças crônicas não transmissíveis (DCNT)**, que incluem diabetes, cânceres, doenças respiratórias crônicas e doenças cardiovasculares, têm um importante impacto na morbimortalidade e na qualidade de vida da população brasileira. Entre os fatores de risco para esse grupo de doenças, destacam-se o tabagismo, a alimentação não saudável, a inatividade física e o uso nocivo de bebidas alcoólicas. Diante desse cenário, em 2011, o Ministério da Saúde lançou o Plano Nacional de Enfrentamento das Doenças Crônicas Não Transmissíveis, vigente até 2022. Essa foi mais uma estratégia que fortaleceu a importância da promoção da saúde no enfrentamento das DCNT e de seus fatores de risco (Brasil, 2011j). Além da prevenção, as ações de promoção da saúde são fundamentais para reduzir a mortalidade prematura por DCNT. Atualmente, essas patologias atingem especialmente populações mais vulneráveis, como as de baixa renda e com menor escolaridade. As metas nacionais propostas pelo Plano de Enfrentamento das DCNT são as seguintes:

- reduzir a taxa de mortalidade prematura (< 70 anos) por DCNT em 2% ao ano;
- reduzir a prevalência de obesidade em crianças;
- reduzir a prevalência de obesidade em adolescentes;
- deter o crescimento da obesidade em adultos;
- reduzir as prevalências de consumo nocivo de álcool;
- aumentar a prevalência de atividade física no lazer;
- aumentar o consumo de frutas e hortaliças;
- reduzir o consumo médio de sal;
- reduzir a prevalência de tabagismo;
- aumentar a cobertura de mamografia em mulheres entre 50 e 69 anos;
- aumentar a cobertura de exame preventivo de câncer de colo uterino em mulheres de 25 a 64 anos;
- tratar 100% das mulheres com diagnóstico de lesões precursoras de câncer. (Brasil, 2011j, p. 14)

Neste capítulo, a fim de evidenciar os avanços e os desafios para o enfrentamento de fatores de risco das DCNT no Brasil, utilizaremos o tabagismo e a alimentação como exemplos de ações de promoção da saúde.

Importante!

O tabagismo e a exposição ao tabaco são importantes fatores de risco para o desenvolvimento de várias doenças crônicas, sendo responsáveis por um grande número de mortes evitáveis em todo o mundo.

Todos os anos, o Ministério da Saúde realiza um inquérito populacional por telefone, chamado Vigitel. Ele é feito nas capitais dos 26 estados brasileiros e no Distrito Federal.

> **Vigitel**: sistema de vigilância de fatores de risco e proteção para doenças crônicas realizado por inquérito telefônico. A pesquisa é feita anualmente nos 26 estados brasileiros e no Distrito Federal por meio de entrevistas em amostras da população adulta, e monitora a frequência e a distribuição de fatores de risco e proteção para doenças crônicas no país. Entre essas doenças, incluem-se diabetes, obesidade, câncer, doenças respiratórias crônicas e cardiovasculares, como hipertensão arterial.
>
> Fonte: Elaborado com base em Brasil, 2020c.

Desde 2006, o Vigitel vem monitorando a frequência e a distribuição dos principais determinantes das DCNT, entre eles o **tabagismo**. Essa pesquisa revelou, no período de 10 anos, que a prevalência de fumantes na população de 18 anos ou mais caiu 35% nas capitais do Brasil, passando de 15,7% em 2006 para 10,2% em 2016 (Brasil, 2018b).

Esse resultado é considerado fruto de políticas governamentais, como o aumento de impostos e preços do cigarro, a proibição da propaganda na mídia, a utilização de imagens de advertência nos maços de cigarro, a proibição da venda para menores de 18 anos (como forma de prevenção à iniciação precoce ao tabagismo) e a proibição do fumo em ambientes fechados. Como podemos observar, as ações não foram desenvolvidas exclusivamente pelo setor da saúde, mas contaram com forte apoio da sociedade organizada (Figueiredo; Turci; Camacho, 2017).

Apesar dos avanços, Figueiredo, Turci e Camacho (2017) apontam desafios a serem superados, relativos

> à implantação dos maços genéricos, à manutenção de políticas de preços e impostos, e à resistência à influência da indústria junto aos formadores de opinião, legisladores e setores do poder executivo. Destacam-se também como desafios o enfrentamento da propaganda indireta, tema analisado em um dos artigos, e a nova era de inovações tecnológicas da indústria, que vem introduzindo no mercado produtos especialmente apelativos para jovens, tais como o narguilé, produtos com sabores característicos, incluindo cigarros que têm cápsulas de sabor nos filtros e dispositivos eletrônicos para fumar, como cigarro eletrônico e os dispositivos de tabaco aquecido [...]. (Figueiredo; Turci; Camacho, 2017, p. 56)

No que se refere à **alimentação**, sabe-se que o Brasil, nos últimos anos, tem apresentado uma rápida transição nutricional, com aumento na prevalência de sobrepeso e obesidade. Esta última é um importante fator de risco para o desenvolvimento de doenças crônicas, como o diabetes e a hipertensão. Alterações no estilo de vida, como a má-alimentação e a redução no gasto calórico diário, são os principais fatores que explicam o crescimento da obesidade.

Diversas estratégias foram adotadas nos últimos anos para a promoção da alimentação saudável pelo Ministério da Saúde, entre as quais destacamos:

- **Política Nacional de Alimentação e Nutrição (Pnan)**: aprovada em 1999, essa política propõe respeitar, proteger, promover e prover os direitos humanos à saúde e à alimentação. Para o enfrentamento dos novos desafios que surgiram no campo da alimentação e da nutrição no SUS, em 2011, a Pnan foi revisada e republicada, apresentando como propósito a melhoria das condições de alimentação, nutrição e saúde da população brasileira, mediante a promoção de práticas alimentares adequadas e saudáveis, a vigilância alimentar e nutricional e a prevenção e o cuidado integral dos agravos relacionados à alimentação e nutrição.
- **Guia Alimentar para a População Brasileira**: aborda os princípios e as recomendações de uma alimentação adequada e saudável,

configurando-se como um instrumento de educação alimentar e nutricional para o SUS e também para outros setores. O documento foi publicado em 2006; posteriormente, passou por revisão e teve a segunda edição publicada em 2014.

- **Estratégia Amamenta e Alimenta Brasil**: lançada em 2012, tem como objetivo qualificar o trabalho dos profissionais da atenção básica com o intuito de reforçar e incentivar a promoção do aleitamento materno e da alimentação saudável para crianças menores de dois anos no âmbito do SUS. Destacamos, nesse contexto, o *Guia alimentar para crianças menores de dois anos*, material de apoio para os profissionais da saúde da atenção básica, publicado pelo Ministério da Saúde.

Apesar das iniciativas, a situação da obesidade no país ainda é um importante desafio a ser superado. De acordo com os dados do Vigitel (Brasil, 2018b), o excesso de peso na população adulta no Brasil cresceu 26,3% em dez anos, passando de 42,6% em 2006 para 53,8% em 2016; ou seja, mais da metade da população está acima do peso. Nesse mesmo período, a obesidade cresceu 60%, passando de 11,8% em 2006 para 18,9% em 2016.

Os dados apontam para a necessidade de estimular e promover mudanças de estilo de vida na população brasileira, de modo a reduzir os índices de sobrepeso e obesidade no país. Para o enfrentamento desse cenário, é necessária a ampliação de ações intersetoriais, nas quais o setor da saúde tem importante papel.

Nos últimos anos, muito se tem discutido sobre a necessidade de avançar na implementação de propostas de políticas governamentais e no apoio da sociedade organizada. Como exemplo, podemos citar: aumento de impostos para alimentos e bebidas açucaradas; proposta de rotulagem nutricional nas embalagens, com mensagens mais claras para a população; regulamentação de publicidade de alimentos voltada para o público infantil, entre outras.

Nessa perspectiva, podemos considerar que permanece a busca por uma população com melhor qualidade de vida e com hábitos mais saudáveis. As ações de promoção da saúde precisam ser ampliadas, com um olhar não só do sistema de saúde, mas também com envolvimento de outros setores governamentais e não governamentais na construção coletiva do bem comum para a promoção dos direitos humanos fundamentais.

Novo Guia Alimentar para a População Brasileira

Dez passos para uma alimentação adequada e saudável:

1. Fazer de alimentos *in natura* ou minimamente processados a base da alimentação. [...]
2. Utilizar óleos, gorduras, sal e açúcar em pequenas quantidade ao temperar e cozinhar alimentos e criar preparações culinárias. [...]
3. Limitar o consumo de alimentos processados. [...]
4. Evitar o consumo de alimentos ultraprocessados. [...]
5. Comer com regularidade e atenção, em ambientes apropriados e, sempre que possível, com companhia. [...]
6. Fazer compras em locais que ofertem variedades de alimentos *in natura* ou minimamente processados. [...]
7. Desenvolver, exercitar e partilhar habilidades culinárias. [...]
8. Planejar o uso do tempo para dar à alimentação o espaço que ela merece. [...]
9. Dar preferência, quando fora de cara, a locais que servem refeições feitas na hora. [...]
10. Ser crítico quanto a informações, orientações e mensagens sobre alimentação veiculadas em propagandas comerciais. [...]

Fonte: Brasil, 2014d, p. 125-128.

Para saber mais

Confira a seguir o *Guia alimentar para crianças menores de dois anos*, elaborado pelo Ministério da Saúde.
BRASIL. Ministério da Saúde. **Dez passos para uma alimentação saudável**: guia alimentar para crianças menores de dois anos. 2. ed. Brasília, 2013. Disponível em: <http://www.redeblh.fiocruz.br/media/10palimsa_guia13.pdf>. Acesso em: 6 jul. 2020.

Síntese

Neste capítulo, apresentamos os conceitos de prevenção de doenças e promoção da saúde. Na prevenção, o grande objetivo é evitar a doença, ao passo que a promoção refere-se a medidas bem mais abrangentes, que não são exclusivas do setor da saúde, as quais exigem o envolvimento de outros setores governamentais e não governamentais. Reforçamos também o conceito de equidade – tema já abordado no Capítulo 3 –, que tem importância na discussão acerca da promoção da saúde.

Apresentamos um breve histórico incluindo as Conferências Internacionais da Promoção da Saúde e a Comissão Nacional sobre Determinantes Sociais da Saúde (CNDSS), bem como o movimento da promoção da saúde no Brasil, com destaque para a Política Nacional da Saúde.

Por fim, abordamos alguns avanços e desafios, especialmente a adoção de hábitos saudáveis para reduzir a morte prematura por doenças crônicas e a busca por melhor qualidade de vida da população.

Questões para revisão

1. O setor saúde é o responsável pela promoção da saúde de determinada população?

2. Cite exemplos de problemas de saúde que precisam de ações intersetoriais de promoção da saúde para seu enfrentamento.

3. Analise as afirmações a seguir sobre a atenção integral à saúde:
    I) As ações de promoção da saúde têm por objetivo evitar determinada doença.
    II) A vacinação é uma estratégia de prevenção, visto que se dirige a determinada doença.
    III) A promoção da saúde está associada a um conjunto de fatores sociais, econômicos, políticos e culturais, coletivos e individuais.

   Agora, assinale a alternativa correta:

   a) As afirmativas I e II estão corretas.
   b) As afirmativas I e III estão corretas.
   c) As afirmativas II e III estão corretas.
   d) Todas as afirmativas estão corretas.

4. Sobre a Política Nacional de Promoção da Saúde (PNPS), é **incorreto** afirmar:

   a) Busca promover a cultura da paz em comunidades, territórios e municípios.
   b) A política aponta a necessidade de articulação com outras políticas públicas, com a participação também de setores não governamentais.
   c) Os dados de obesidade e sobrepeso no Brasil desde a implantação da política até os dias atuais não podem ser considerados como avanço para a saúde do país.
   d) A saúde é o setor responsável pelo enfrentamento dos determinantes e condicionantes da saúde de maneira isolada.

5. Diversos movimentos referentes à promoção da saúde vêm ocorrendo em todo o mundo. Nesse sentido, é **incorreto** afirmar:

   a) A Carta de Ottawa foi produzida na 7ª Conferência Internacional de Promoção da Saúde e tornou-se referência para os eventos que ocorreram posteriormente.
   b) A VIII Conferência Internacional de Promoção da Saúde foi realizada em 2013. Nesse evento, foi elaborada a Declaração de Helsinki sobre Saúde em Todas as Políticas.
   c) A Conferência Internacional sobre Cuidados Primários de Saúde, que elaborou a Declaração de Alma-Ata, enfatizou a necessidade de se integrar os cuidados com a atenção médica e o combate aos fatores determinantes da doença.
   d) Conhecer os determinantes sociais da saúde é importante para a formulação de políticas que promovam a equidade em saúde e para mobilizar diferentes instâncias do governo e da sociedade civil sobre o tema.

Questões para reflexão

1. Tendo em vista o conceito ampliado de saúde e a compreensão de que a promoção da saúde está relacionada a um conjunto de estratégias que atuam sobre os determinantes sociais da saúde, quais os desafios para a efetivação desta política?

2. Na sua opinião, quais estratégias podem ser implementadas para a promoção da saúde da população? Como você poderia contribuir para esse processo?

3. Elabore um pequeno texto mostrando as principais diferenças entre prevenção de doenças e promoção da saúde.

Considerações finais

A Constituição Federal de 1988 estabelece os direitos fundamentais e o princípio da dignidade da pessoa humana, evidenciando um conjunto de diretrizes, conceitos e obrigações do Poder Público para efetivação das políticas públicas brasileiras. A política pública de saúde brasileira foi construída por meio de uma evolução histórica, sempre marcada por desafios e conquistas na busca pela garantia do direito à saúde.

Nesta obra, apresentamos a política de saúde em seis capítulos, organizados de maneira a facilitar o aprendizado. Iniciamos com os marcos históricos importantes, com destaque para a VIII Conferência Nacional de Saúde e suas contribuições para a política de saúde nacional, com a posterior implantação do Sistema Único de Saúde (SUS). Além disso, abordamos a maneira como, em conjunto com a

Constituição, as Leis Orgânicas da Saúde estabelecem os princípios organizativos e doutrinários do SUS.

Na sequência, indicamos os modelos explicativos do processo saúde-doença e a forma como buscam responder à complexidade estrutural da política de saúde. Analisamos, ainda, a Determinação Social da Saúde (DSS) e sua influência, enfatizando as condicionantes e os determinantes da nossa sociedade plural. Os Objetivos de Desenvolvimento Sustentável (ODS) também foram discutidos.

Além disso, apresentamos a estruturação da política de saúde de acordo com a apropriação dos conceitos de território, territorialidade e territorialização, demonstrando como a análise de condicionantes e determinantes do processo saúde-doença é instrumentalizada pelos elementos da vigilância em saúde na análise territorial, no planejamento e na tomada de decisão. Ressaltamos, também, a importância do papel do controle social e da participação da sociedade no planejamento da política de saúde, como na formulação do Plano Plurianual (PPA), da Lei de Diretrizes Orçamentárias (LDO) e da Lei Orçamentária Anual (LOA), tendo em vista a questão da representatividade nos Conselhos de Saúde.

A política de saúde e seus níveis de atenção (atenção básica, média e de alta complexidade), organizados nas Redes de Atenção à Saúde (RAS), seguindo os princípios de hierarquização, equidade e descentralização, também foram objeto deste estudo. Discorremos, ainda, sobre as diferenças entre os conceitos de prevenção de doenças e promoção da saúde e sobre a efetividade da promoção que vem sendo construída por meio das Conferências Internacionais de Promoção da Saúde.

Nesse cenário, o Brasil implantou sua Política Nacional de Promoção da Saúde (PNPS), com grandes desafios para sua efetivação, pois depende da participação de todos. Com base em tudo o que examinamos ao longo deste trabalho, podemos dizer que é em conjunto, ou seja, com a participação de seus cidadãos, que a sociedade brasileira vai garantir uma política de saúde justa, solidária, participativa e inclusiva.

Lista de siglas

Anvisa – Agência Nacional de Vigilância Sanitária
APS – Atenção Primária à Saúde
CAP – Caixas de Aposentadorias e Pensão
CAT – Comunicação de Acidente de Trabalho
CEO – Centros de Especialidades Odontológicas
Cepal – Comissão Econômica para América Latina e o Caribe
CER – Centros Especializados em Reabilitação
Cerest – Centros de Referência em Saúde do Trabalhador
CIB – Comissões Intergestoras Bipartite
CIT – Comissões Intergestoras Tripartite
CNDSS – Comissão Nacional sobre Determinantes Sociais da Saúde
Coap – Contrato Organizativo da Ação Pública da Saúde
Conasems – Conselho Nacional de Secretários Municipais de Saúde
Conass – Conselho Nacional dos Secretários de Saúde

Cosems – Conselho Estadual de Secretários Municipais de Saúde
CSDH – Commission on Social Determinants of Health
Datasus – Departamento de Informática do SUS
DCNT – Doenças Crônicas Não Transmissíveis
DSS – Determinação Social da Saúde
eAB – Equipe da Atenção Básica
Eacs – Estratégia de Agentes Comunitários de Saúde
eSB – Equipe de Saúde Bucal
eSF – Equipe de Saúde da Família
eSFR – Equipe de Saúde da Família Ribeirinha
Faec – Fundo de Ações Estratégicas e Compensações
FTN – Formulário Terapêutico Nacional
IAP – Instituto de Aposentadoria e Pensões
INPS – Instituto Nacional de Previdência Social
Inamps – Instituto Nacional de Assistência Médica da Previdência Social
Ipase – Instituto de Administração Financeira da Previdência e Assistência Social
IAPB – Instituto de Aposentadoria e Pensões dos Bancários
IAPC – Instituto de Aposentadorias e Pensões dos Comerciários
Iapi – Instituto de Aposentadoria e Pensões dos Industriários
IAPM – Instituto de Aposentadorias e Pensões dos Marítimos
Iaptec – Instituto de Aposentadorias e Pensões dos Estivadores e Transportes de Cargas
Inpi – Instituto Nacional da Propriedade Industrial
LDO – Lei de Diretrizes Orçamentárias
LER – Lesão por Esforço Repetitivo
LOA – Lei Orçamentária Anual
MAC – Limite Financeiro de Média e Alta Complexidade Ambulatorial e Hospitalar
Macc – Modelo de Atenção às Condições Crônicas
MRSB – Movimento da Reforma Sanitária Brasileira
Nasf-AB – Núcleo Ampliado de Saúde da Família e Atenção Básica
Noas – Norma Operacional de Assistência à Saúde
NOB/SUS – Norma Operacional Básica do SUS
ODS – Objetivos de Desenvolvimento Sustentável
OMS – Organização Mundial da Saúde

ONU – Organização das Nações Unidas
Opas – *Organização Pan-Americana da Saúde*
Pnab – Política Nacional da Atenção Básica
Pnan – Política Nacional de Alimentação e Nutrição
PNPS – Política Nacional de Promoção da Saúde
PSF – Programa Saúde da Família
PPA – Plano Plurianual
Raps – Rede de Atenção Psicossocial
RAS – Redes de Atenção à Saúde
RASPDC – Rede de Atenção à Saúde das Pessoas com Doenças Crônicas
RAU – Rede de Atenção às Urgências
RCPD – Rede de Cuidados à Pessoa com Deficiência
Rename – Relação Nacional de Medicamentos Essenciais
Renast – Rede Nacional de Atenção Integral à Saúde do Trabalhador
RSI – Regulamento Sanitário Internacional
Samu – Serviço de Atendimento Móvel de Urgência
SargSUS – Sistema de Apoio à Elaboração do Relatório de Gestão
SES – Secretaria Estadual de Saúde
SeTP – Saúde em Todas as Políticas
SIA – Sistema de Informações Ambulatoriais
Sinan – Sistema de Informação de Agravos de Notificação
Sindec – Sistema Nacional de Defesa Civil
Sisagua – Sistema de Informação de Vigilância da Qualidade da Água para Consumo Humano
SNVE – Sistema Nacional de Vigilância Epidemiológica
SNVS – Sistema Nacional de Vigilância Sanitária
SUAS – Sistema Único de Assistência Social
Sucam – Superintendência de Campanhas
SUDS – Sistema Unificado e Descentralizado de Saúde
SUS – Sistema Único de Saúde
UBSF – Unidades Básicas de Saúde Fluviais
Unicef – Fundo das Nações Unidas para a Infância
UPA – Unidades de Pronto Atendimento
Vigidesastre – Vigilância em Saúde Ambiental dos Riscos Decorrentes dos Desastres Naturais

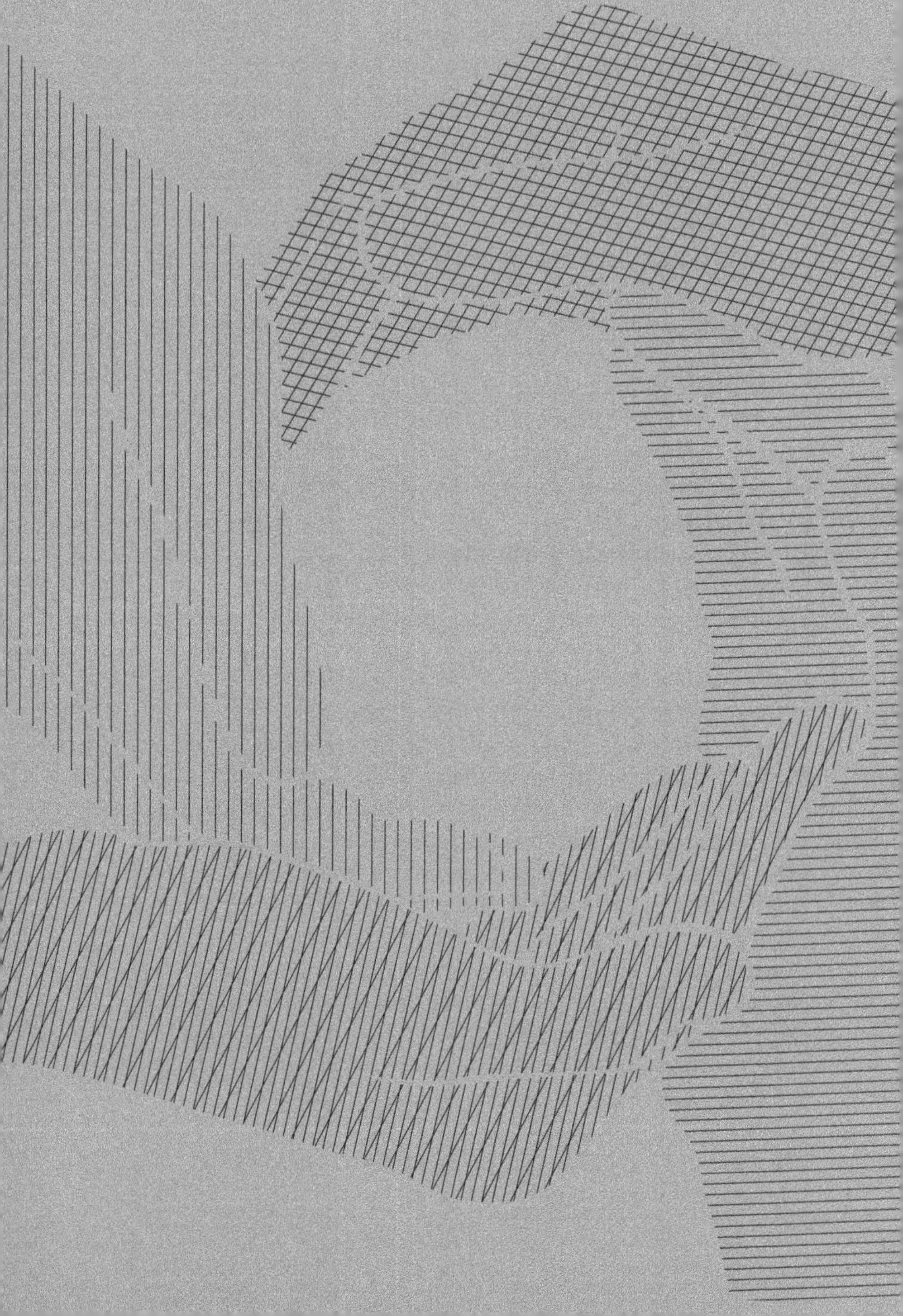

Referências

AGÊNCIA IBGE NOTÍCIAS. **Em 2015, esperança de vida ao nascer era de 75,5 anos**. 1º dez. 2016. Disponível em: <https://agenciadenoticias.ibge.gov.br/agencia-sala-de-imprensa/2013-agencia-de-noticias/releases/9490-em-2015-esperanca-de-vida-ao-nascer-era-de-75-5-anos>. Acesso em: 6 jul. 2020.

AGUIAR, Z. N. (Org.). **SUS – Sistema Único de Saúde**: antecedentes, percurso, perspectivas e desafios. 2. ed. São Paulo: Martinari, 2015.

ALBUQUERQUE, G. S. C. de; SILVA, M. J. de S. e. Sobre a saúde, os determinantes da saúde e a determinação social da saúde. **Saúde em Debate**, Rio de Janeiro, v. 38, n. 103, p. 953-965, out./dez. 2014. Disponível em: <https://www.scielo.br/pdf/sdeb/v38n103/0103-1104-sdeb-38-103-0953.pdf>. Acesso em: 6 jul. 2020.

ALBUQUERQUE, M. I. N. de. **Uma revisão sobre as políticas públicas de saúde no Brasil**. Recife: [s.n.], 2015.

ALMEIDA FILHO, N. de; ROUQUAYROL, M. Z. **Epidemiologia & saúde**. 6. ed. Rio de Janeiro: Medsi, 2003.

ALMEIDA FILHO, N.; ROUQUAYROL, M. Z. **Introdução à epidemiologia**. 4. ed. rev. e ampliada. Rio de Janeiro: Guanabara Koogan, 2013.

ANS – Agência Nacional de Saúde Complementar. **Dados gerais**. Disponível em: <http://www.ans.gov.br/perfil-do-setor/dados-gerais>. Acesso em: 6 jul. 2020.

ÁVILA, M. M. M.; PITOMBEIRA, D. F.; CATRIB, A. M. F. Promoção da saúde: pensando a saúde de forma afirmativa. In: LEITÃO, I. M. T. de A. et al. **Manual de saúde pública**. Salvador: Sanar, 2016. p. 125-140.

BARATA, R. B. Epidemiologia social. **Revista Brasileira de Epidemiologia**, v. 8, n. 1, p. 7-17, 2005.

BERTOLLI FILHO, C. **História da saúde pública no Brasil**. 5. ed. São Paulo: Ática, 2011. (História em Movimento).

BRASIL. **Brasil República**. Disponível em: <http://www.brasil.gov.br/governo/2009.+-/11/brasil-republica>. Acesso em: 10 abr. 2018a.

BRASIL. Conselho Nacional de Saúde. **Pactos pela saúde**. Disponível em: <http://conselho.saude.gov.br/webpacto/index.htm>. Acesso em: 6 jul. 2020a.

BRASIL. Constituição (1988). **Diário Oficial da União**, Brasília, DF, 5 out. 1988. Disponível em: <http://www.planalto.gov.br/ccivil_03/constituicao/constituicao.htm>. Acesso em: 6 jul. 2020.

BRASIL. Decreto n. 7.508, de 28 de junho de 2011. **Diário Oficial da União**, Poder Executivo, Brasília, DF, 29 jun. 2011a. Disponível em: <http://www.planalto.gov.br/ccivil_03/_Ato2011-2014/2011/Decreto/D7508.htm>. Acesso em: 6 jul. 2020.

BRASIL. Decreto n. 78.231, de 12 de agosto de 1976. **Diário Oficial da União**, Brasília, Poder Executivo, DF, 13 ago. 1976. Disponível em: <http://www.planalto.gov.br/ccivil_03/decreto/1970-1979/d78231.htm>. Acesso em: 6 jul. 2020.

BRASIL. Lei Complementar n. 141, de 13 de janeiro de 2012. **Diário Oficial da União**, Poder Legislativo, Brasília, DF, 16 jan. 2012a. Disponível em: < http://www.planalto.gov.br/ccivil_03/leis/lcp/lcp141.htm>. Acesso em: 6 jul. 2020.

BRASIL. Lei n. 6.259, de 30 de outubro de 1975. **Diário Oficial da União**, Poder Executivo, Brasília, DF, 31 out. 1975. Disponível em: <http://www.planalto.gov.br/ccivil_03/leis/l6259.htm>. Acesso em: 6 jul. 2020.

BRASIL. Lei n. 8.080, de 19 de setembro de 1990. **Diário Oficial da União**, Poder Legislativo, Brasília, DF, 20 set. 1990a. Disponível em: < http://www.planalto.gov.br/ccivil_03/leis/l8080.htm>. Acesso em: 6 jul. 2020.

BRASIL. Lei n. 8.142, de 28 de dezembro de 1990. **Diário Oficial da União**, Poder Executivo, Brasília, DF, 31 dez. 1990b. Disponível em: <http://www.planalto.gov.br/ccivil_03/leis/L8142.htm>. Acesso em: 6 jul. 2020.

BRASIL. Lei n. 8.689, de 27 de julho de 1993. **Diário Oficial da União**, Poder Executivo, Brasília, DF, 28 set. 1993a. Disponível em: <http://www.planalto.gov.br/ccivil_03/leis/L8689.htm>. Acesso em: 6 jul. 2020.

BRASIL. Lei n. 9.782, de 26 de janeiro de 1999. **Diário Oficial da União**, Poder Legislativo, Brasília, DF, 27 jan. 1999. Disponível em: <http://www.planalto.gov.br/ccivil_03/Leis/L9782.htm>. Acesso em: 6 jul. 2020.

BRASIL. Lei n. 11.598, de 3 de dezembro de 2007. **Diário Oficial da União**, Poder Legislativo, Brasília, DF, 4 dez. 2007a. Disponível em: <http://www2.camara.leg.br/legin/fed/lei/2007/lei-11598-3-dezembro-2007-565460-publicacaooriginal-89219-pl.html>. Acesso em: 6 jul. 2020.

BRASIL. Lei n. 12.864, de 24 de setembro de 2013. **Diário Oficial da União**, Poder Executivo, Brasília, DF, 25 set. 2013a. Disponível em: <http://www.planalto.gov.br/ccivil_03/_Ato2011-2014/2013/Lei/L12864.htm>. Acesso em: 6 jul. 2020.

BRASIL. Ministério da Saúde. **O sistema público de saúde brasileiro**. Brasília, DF, ago. 2002a. Disponível em: <https://bvsms.saude.gov.br/bvs/publicacoes/sistema_saude.pdf>. Acesso em: 6 jul. 2020.

BRASIL. Ministério da Saúde. **Poliomielite**: causas, sintomas, diagnóstico e vacinação. Disponível em: <https://www.saude.gov.br/saude-de-a-z/poliomielite#:~:text=A%20Poliomielite%2C%20

tamb%C3%A9m%20chamada%20de,e%20provocar%20ou%20n%C3%A3o%20paralisia.>. Acesso em: 6 jul. 2020b.

BRASIL. Ministério da Saúde. **Portaria n. 104, de 25 de janeiro de 2011b**. Disponível em: <http://bvsms.saude.gov.br/bvs/saudelegis/gm/2016/prt0204_17_02_2016.html>. Acesso em: 6 jul. 2020.

BRASIL. Ministério da Saúde. **Portaria n. 204, de 17 de fevereiro de 2016a**. Disponível em: <http://bvsms.saude.gov.br/bvs/saudelegis/gm/2016/prt0204_17_02_2016.html>. Acesso em: 6 jul. 2020.

BRASIL. Ministério da Saúde. **Portaria n. 399, de 22 de fevereiro de 2006a**. Disponível em: <http://bvsms.saude.gov.br/bvs/saudelegis/gm/2006/prt0399_22_02_2006.html>. Acesso em: 6 jul. 2020.

BRASIL. Ministério da Saúde. **Portaria n. 483, de 1º de abril de 2014a**. Disponível em: <http://bvsms.saude.gov.br/bvs/saudelegis/gm/2014/prt0483_01_04_2014.html>. Acesso em: 6 jul. 2020.

BRASIL. Ministério da Saúde. **Portaria n. 545, de 20 de maio de 1993b**. Disponível em: <http://bvsms.saude.gov.br/bvs/saudelegis/gm/1993/prt0545_20_05_1993.html>. Acesso em: 6 jul. 2020.

BRASIL. Ministério da Saúde. **Portaria n. 777, de 28 de abril de 2004a**. Disponível em: <https://bvsms.saude.gov.br/bvs/saudelegis/gm/2004/prt0777_28_04_2004.html>. Acesso em: 6 jul. 2020.

BRASIL. Ministério da Saúde. **Portaria n. 793, de 24 de abril de 2012b**. Disponível em: <http://bvsms.saude.gov.br/bvs/saudelegis/gm/2012/prt0793_24_04_2012.html>. Acesso em: 6 jul. 2020.

BRASIL. Ministério da Saúde. **Portaria n. 841, de 2 de maio de 2012c**. Disponível em: <http://bvsms.saude.gov.br/bvs/saudelegis/gm/2012/prt0841_02_05_2012.html>. Acesso em: 6 jul. 2020.

BRASIL. Ministério da Saúde. **Portaria n. 1.172, de 15 de junho de 2004b**. Disponível em: <https://bvsms.saude.gov.br/bvs/saudelegis/gm/2004/prt1172_15_06_2004.html>. Acesso em: 6 jul. 2020.

BRASIL. Ministério da Saúde. **Portaria n. 1.271, de 6 de junho de 2014b**. Disponível em: <http://bvsms.saude.gov.br/bvs/saudelegis/gm/2014/prt1271_06_06_2014.html>. Acesso em: 6 jul. 2020.

BRASIL. Ministério da Saúde. **Portaria n. 1.459, de 24 de junho de 2011c**. Disponível em: <http://bvsms.saude.gov.br/bvs/saudelegis/gm/2011/prt1459_24_06_2011.html>. Acesso em: 6 jul. 2020.

BRASIL. Ministério da Saúde. **Portaria n. 1.600, de 7 de julho de 2011d**. Disponível em: <http://bvsms.saude.gov.br/bvs/saudelegis/gm/2011/prt1600_07_07_2011.html>. Acesso em: 6 jul. 2020.

BRASIL. Ministério da Saúde. **Portaria n. 2.135, de 25 de setembro de 2013b**. Disponível em: <http://bvsms.saude.gov.br/bvs/saudelegis/gm/2013/prt2135_25_09_2013.html>. Acesso em: 6 jul. 2020.

BRASIL. Ministério da Saúde. **Portaria n. 2.436, de 21 de setembro de 2017a**. Disponível em: <https://bvsms.saude.gov.br/bvs/saudelegis/gm/2017/prt2436_22_09_2017.html>. Acesso em: 6 jul. 2020.

BRASIL. Ministério da Saúde. **Portaria n. 2.979, de 12 de novembro de 2019**. Disponível em: <http://www.in.gov.br/en/web/dou/-/portaria-n-2.979-de-12-de-novembro-de-2019-227652180>. Acesso em: 6 jul. 2020.

BRASIL. Ministério da Saúde. **Portaria n. 3.088, de 23 de dezembro de 2011e**. Disponível em: <http://bvsms.saude.gov.br/bvs/saudelegis/gm/2011/prt3088_23_12_2011_rep.html>. Acesso em: 6 jul. 2020.

BRASIL. Ministério da Saúde. **Portaria n. 4.279, de 30 de dezembro de 2010a**. Disponível em: <http://bvsms.saude.gov.br/bvs/saudelegis/gm/2010/prt4279_30_12_2010.html>. Acesso em: 6 jul. 2020.

BRASIL. Ministério da Saúde. **Portaria de Consolidação n. 4, de 28 de setembro de 2017b**. Disponível em: <http://bvsms.saude.gov.br/bvs/saudelegis/gm/2017/prc0004_03_10_2017.html>. Acesso em: 6 jul. 2020.

BRASIL. Ministério da Saúde. **Relatório Final da 8ª Conferência Nacional de Saúde.** Brasília, 1986. Disponível em: <http://conselho.saude.gov.br/biblioteca/Relatorios/relatorio_8.pdf>. Acesso em: 6 jul. 2020.

BRASIL. Ministério da Saúde. **Vigitel:** o que é, como funciona, quando utilizar e resultados. Disponível em: <https://www.saude.gov.br/saude-de-a-z/vigitel>. Acesso em: 6 jul. 2020c.

BRASIL. Ministério da Saúde. Comissão Intergestores Tripartite. **Resolução n. 1, de 29 de setembro de 2011f.** Disponível em: <https://www.conass.org.br/wp-content/uploads/2017/02/CIT1-2011.pdf>. Acesso em: 6 jul. 2020.

BRASIL. Ministério da Saúde. Conselho Nacional de Saúde. Para entender o controle social na saúde. Brasília, 2013c. Disponível em: <https://conselho.saude.gov.br/biblioteca/livros/Manual_Para_Entender_Controle_Social.pdf>. Acesso em: 6 jul. 2020.

BRASIL. Ministério da Saúde. Conselho Nacional de Secretários de Saúde. **A atenção primária e as redes de atenção à saúde.** Brasília, 2015a. Disponível em: <https://www.conass.org.br/biblioteca/pdf/A-Atencao-Primaria-e-as-Redes-de-Atencao-a-Saude.pdf>. Acesso em: 6 jul. 2020.

BRASIL. Ministério da Saúde. Conselho Nacional de Secretários de Saúde. **A gestão administrativa e financeira no SUS.** Brasília, 2011g. (Coleção Para Entender a Gestão do SUS, v. 8).

BRASIL. Ministério da Saúde. Conselho Nacional de Secretários de Saúde. **Assistência de média e alta complexidade no SUS.** Brasília, 2007b. Disponível em: <http://bvsms.saude.gov.br/bvs/publicacoes/colec_progestores_livro9.pdf>. Acesso em: 6 jul. 2020.

BRASIL. Ministério da Saúde. Conselho Nacional de Secretários de Saúde. **Conass 25 anos.** Brasília, 2007c.

BRASIL. Ministério da Saúde. Conselho Nacional de Secretários de Saúde. **SUS:** avanços e desafios. Brasília, 2006b. Disponível em: <http://www.conass.org.br/bibliotecav3/pdfs/Livro_Sus.pdf>. Acesso em: 6 jul. 2020.

BRASIL. Ministério da Saúde. Conselho Nacional de Secretários de Saúde. **SUS 20 anos.** Brasília, 2009a. Disponível em: <https://www.conass.org.br/bibliotecav3/pdfs/sus20anosfinal.pdf>. Acesso em: 14 maio 2020.

BRASIL. Ministério da Saúde. Conselho Nacional de Secretários de Saúde. **Revisão da Política Nacional de Promoção da Saúde.** Nota técnica 18/2014. Brasília, 2014c. Disponível em: <https://

www.conass.org.br/wp-content/uploads/2014/11/NT-18-2014-Politica-de-Promoc%CC%A7a%CC%83o-da-Sau%CC%81de.pdf>. Acesso em: 6 jul. 2020.

BRASIL. Ministério da Saúde. Conselho Nacional de Secretários de Saúde. **Vigilância em saúde**: parte 1. Brasília, 2011h. (Coleção Para Entender a Gestão do SUS, v. 5).

BRASIL. Ministério da Saúde. Conselho Nacional de Secretários de Saúde. **Vigilância em saúde**: parte 2. Brasília, 2011i. (Coleção Para Entender a Gestão do SUS, v. 6). Disponível em: <http://www.conass.org.br/biblioteca/vigilancia-em-saude-parte-2/>. Acesso em: 6 jul. 2020.

BRASIL. Ministério da Saúde. Conselho Nacional de Secretários de Saúde. Grupo Técnico da Comissão Intergestores Tripartite. **Diretrizes para Organização das Redes de Atenção à Saúde do SUS**. 2010b. Disponível em: <https://www.saude.gov.br/images/pdf/2016/maio/18/2-B---Documento-de--Diretrizes-para-Organiza----o-das-Redes-de-Aten----o----Sa--de-do-SUS.pdf>. Acesso em: https://www.saude.gov.br/images/pdf/2016/maio/18/2-B---Documento-de--Diretrizes-para-Organiza----o-das-Redes-de-Aten----o----Sa--de-do-SUS.pdf 2020.

BRASIL. Ministério da Saúde. Secretaria de Atenção à Saúde. Departamento de Atenção Básica. Guia alimentar para a população brasileira. 2. ed. Brasília, 2014d. Disponível em: <http://bvsms.saude.gov.br/bvs/publicacoes/guia_alimentar_populacao_brasileira_2ed.pdf>. Acesso em: 6 jul. 2020.

BRASIL. Ministério da Saúde. Secretaria de Atenção à Saúde. Departamento de Atenção Especializada. **Manual instrutivo da Rede de Atenção às Urgências e Emergências no Sistema Único de Saúde (SUS)**. Brasília, 2013d.

BRASIL. Ministério da Saúde. Secretaria de Gestão Estratégica e Participativa. Departamento de Ouvidora-Geral do SUS. **Guia de orientações básicas para implantação de ouvidorias do SUS**. 2. ed. Brasília, 2014e.

BRASIL. Ministério da Saúde. Secretaria de Políticas de Saúde. Projeto Promoção da Saúde. **As cartas da promoção da saúde**. Brasília, 2002. (Série B – Textos Básicos em Saúde).

BRASIL. Ministério da Saúde. Secretaria de Vigilância em Saúde. **Boletim Epidemiológico**, Brasília, v. 51., n. 4, jan. 2020d. Disponível em: <https://portalarquivos2.saude.gov.br/images/pdf/2020/janeiro/23/Boletim_epidemiologico_SVS_04.pdf>. Acesso em: https://www.saude.gov.br/images/pdf/2016/maio/18/2-B---Documento-de--Diretrizes-para-Organiza-----o-das-Redes-de-Aten----o----Sa--de-do-SUS.pdf 2020.

BRASIL. Ministério da Saúde. Secretaria de Vigilância em Saúde. **Boletim Epidemiológico**. Semana Epidemiológica 15. Brasília, 2020e. Disponível em: <https://www.saude.gov.br/images/pdf/2020/April/06/2020-04-06---BE7---Boletim-Especial-do-COE---Atualizacao-da-Avaliacao-de-Risco.pdf>. Acesso em: 6 jul. 2020.

BRASIL. Ministério da Saúde. Secretaria de Vigilância em Saúde. Departamento de Análise de Situação de Saúde. Coordenação Geral de Doenças e Agravos Não Transmissíveis. **Plano de ações estratégicas para o enfrentamento das Doenças Crônicas Não Transmissíveis (DCNT) no Brasil 2011-2022**. Brasília, 2011j. Disponível em: <http://bvsms.saude.gov.br/bvs/publicacoes/plano_acoes_enfrent_dcnt_2011.pdf>. Acesso em: 6 jul. 2020.

BRASIL. Ministério da Saúde. Secretaria de Vigilância em Saúde. Departamento de Vigilância de Doenças e Agravos não Transmissíveis e Promoção da Saúde. **Notificação de violências interpessoais e autoprovocadas**. Brasília, 2017c.

BRASIL. Ministério da Saúde. Secretaria de Vigilância em Saúde. Departamento de Vigilância em Saúde Ambiental e Saúde do Trabalhador. **Dor relacionada ao trabalho**: lesões por esforços repetitivos (LER) – distúrbios osteomusculares relacionados ao trabalho (Dort). Brasília, 2012d. Disponível em: <http://bvsms.saude.gov.br/bvs/publicacoes/dor_relacionada_trabalho_ler_dort.pdf>. Acesso em: 6 jul. 2020.

BRASIL. Ministério da Saúde. Secretaria de Vigilância em Saúde. Departamento de Vigilância Epidemiológica. **Doenças infecciosas e parasitárias**: guia de bolso. 8. ed. rev. Brasília, 2010c. (Série B – Textos Básicos de Saúde). Disponível em: <http://vigilancia.saude.mg.gov.br/index.php/download/doencas-infecciosas-e-parasitarias-guia-de-bolso/>. Acesso em: 6 jul. 2020.

BRASIL. Ministério da Saúde. Secretaria de Vigilância em Saúde. Departamento de Vigilância Epidemiológica. **Guia de vigilância epidemiológica**. 7. ed. Brasília, 2009b. (Série A – Normas e Manuais Técnicos). Disponível em: <http://bvsms.saude.gov.br/bvs/publicacoes/guia_vigilancia_epidemiologica_7ed.pdf>. Acesso em: 6 jul. 2020.

BRASIL. Ministério da Saúde. Secretaria de Vigilância em Saúde. **Guia de vigilância epidemiológica**. 6. ed. Brasília, 2005. (Série A – Normas e Manuais Técnicos). Disponível em: <http://bvsms.saude.gov.br/bvs/publicacoes/Guia_Vig_Epid_novo2.pdf>. Acesso em: 6 jul. 2020.

BRASIL. Ministério da Saúde. Secretaria de Vigilância em Saúde. Departamento de Vigilância das Doenças Transmissíveis. **Plano de operação do ponto focal nacional para o regulamento sanitário internacional**. Brasília, 2016b. Disponível em: <http://bvsms.saude.gov.br/bvs/publicacoes/plano_operacao_ponto_focal_nacional_regulamento_sanitario_internacional.pdf>. Acesso em: 6 jul. 2020.

BRASIL. Ministério da Saúde. Secretaria de Vigilância em Saúde. Secretaria de Atenção à Saúde. **Diretrizes Nacionais da Vigilância em Saúde**. Brasília, 2010d. (Série F – Comunicação e Educação em Saúde).

BRASIL. Ministério da Saúde. Secretaria de Vigilância em Saúde. Secretaria de Atenção à Saúde. **Política Nacional de Promoção da Saúde (PNPS)**: revisão da Portaria MS/GM n. 687, de 30 de março de 2006. Brasília, 2015b. Disponível em: <http://bvsms.saude.gov.br/bvs/publicacoes/pnps_revisao_portaria_687.pdf>. Acesso em: 6 jul. 2020.

BRASIL. Ministério da Saúde. Secretaria Executiva. Departamento de Apoio à Descentralização. Coordenação-Geral de Apoio à Gestão Descentralizada. **Diretrizes operacionais**: pactos pela vida, em defesa do SUS e de gestão. Brasília, 2006c. (Série A – Normas e Manuais Técnicos). Disponível em: <http://www.saude.mppr.mp.br/arquivos/File/volume1.pdf>. Acesso em: 6 jul. 2020.

BRASIL. Ministério da Saúde. Secretaria Executiva. **Sistema Único de Saúde (SUS)**: princípios e conquistas. Brasília, 2000.

BRASIL. Ministério da Saúde. Secretaria Nacional de Assistência à Saúde. **ABC do SUS**: doutrinas e princípios. Brasília, 1990c. v. 1. Disponível em: <http://www.pbh.gov.br/smsa/bibliografia/abc_do_sus_doutrinas_e_principios.pdf>. Acesso em: 6 jul. 2020.

BRASIL. Ministério da Saúde. **Vacinação é uma das formas mais eficazes de prevenção de doenças**. Brasília, 2017d. Disponível em: <http://www.brasil.gov.br/saude/2017/07/vacinacao-e-uma-das-formas-mais-eficazes-de-prevencao-de-doencas>. Acesso em: 4 maio 2018.

BRASIL. Ministério da Saúde. **Vigitel Brasil 2017**: vigilância de fatores de risco e proteção para doenças crônicas por inquérito telefônico. Brasília, 2018b. Disponível em: <http://bvsms.saude.gov.br/bvs/publicacoes/vigitel_brasil_2017_vigilancia_fatores_riscos.pdf>. Acesso em: 6 jul. 2020.

BUSATO, I. M. S. **Epidemiologia e processo saúde-doença**. Curitiba: InterSaberes, 2016. (Série Princípios da Gestão Hospitalar).

BUSATO, I. M. S. **Planejamento estratégico em saúde**. Curitiba: InterSaberes, 2017.

BUSS, P. M. O conceito de promoção da saúde e os determinantes sociais. **Agência Fiocruz de Notícias**, 9 fev. 2010. Disponível em: <https://agencia.fiocruz.br/o-conceito-de-promo%C3%A7%C3%A3o-da-sa%C3%BAde-e-os-determinantes-sociais>. Acesso em: 6 jul. 2020.

BUSS, P. M. Promoção da saúde e qualidade de vida. **Ciência & Saúde Coletiva,** Rio de Janeiro, v. 5, n. 1, p. 163-177, 2000. Disponível em: <https://www.scielo.br/pdf/csc/v5n1/7087.pdf>. Acesso em: 6 jul. 2020.

BUSS, P. M.; PELLEGRINI FILHO, A. A saúde e seus determinantes sociais. **Physis: Revista de Saúde Coletiva**, Rio de Janeiro, v. 17, n. 1, p. 77-93, 2007.

CAMARGO, K. R. A interface entre saúde e assistência social: subsídios para algumas reflexões na perspectiva de seguridade social. **Revista EGP**, Porto Alegre, v. 2, n. 1, p. 1-9, 2012. Disponível em: <http://www2.portoalegre.rs.gov.br/sma/revista_EGP/95_A_interfaceAssistenciaSocial_Karen.pdf>. Acesso em: 6 jul. 2020.

CEBALLOS, A. G. da C. **Modelos conceituais de saúde, determinação social do processo saúde e doença, promoção da saúde**. Recife: [s.n.], 2015. Disponível em: <https://ares.unasus.gov.br/acervo/html/ARES/3332/1/2mod_conc_saude_2016.pdf>. Acesso em: 6 jul. 2020.

CEPAL – Comissão Econômica para a América Latina e o Caribe. **Horizontes 2030**: a igualdade no centro do desenvolvimento sustentável. Santiago, 2016.

CNDSS – Comissão Nacional sobre Determinantes Sociais da Saúde. **As causas sociais das iniqüidades em saúde no Brasil**. Rio de Janeiro: Fiocruz, 2008. Disponível em: <http://bvsms.saude.gov.br/bvs/publicacoes/causas_sociais_iniquidades.pdf>. Acesso em: 6 jul. 2020.

CONASEMS – Conselho Nacional de Secretarias Municipais de Saúde et al. (Org.). **Manual do(a) gestor(a) municipal do SUS**: "diálogos no cotidiano". Rio de Janeiro: Cepesc, 2016. Disponível em: <https://www.conasems.org.br/wp-content/uploads/2017/01/manual_do_gestor_AF01_tela-1.pdf>. Acesso em: 6 jul. 2020.

COSTA, E. A.; ROZENFELD, S. Constituição da vigilância sanitária no Brasil. In: ROZENFELD, S. (Org.). **Fundamentos da vigilância sanitária**. Rio de Janeiro: Fiocruz, 2000. p. 15-40.

CREPALDI, S. A.; CREPALDI, G. S. **Orçamento público**: planejamento, elaboração e controle. São Paulo: Saraiva, 2013.

CZERESNIA, D.; FREITAS, C. M. (Org.). **Promoção da saúde**: conceitos, reflexões, tendências. 2. ed. rev. Rio de Janeiro: Fiocruz, 2009.

DAHLGREN, G.; WHITEHEAD, M. **Policies and Strategies to Promote Social Equity in Health**. Background Document to WHO, Strategy Paper for Europe. Stockholm: Arbetsrapport/Institutet för Framtidsstudier, 2007.

EDUARDO, M. B. de P. **Vigilância sanitária**. São Paulo: Faculdade de Saúde Pública da Universidade de São Paulo, 1998. (Série Saúde & Cidadania, v. 8).

FARIA, R. M. de. A territorialização da atenção primária à saúde no Sistema Único de Saúde e a construção de uma perspectiva de adequação dos serviços aos perfis do território. **Hygeia**, v. 9,

n. 16, p. 131-147, jun. 2013. Disponível em: <http://www.seer.ufu.br/index.php/hygeia/article/view/19501/12458>. Acesso em: 6 jul. 2020.

FERREIRA, D. da S. Território, territorialidade e seus múltiplos enfoques na ciência geográfica. **Campo-Território: Revista de Geografia Agrária**, v. 9, n. 17, p. 111-135, abr. 2014. Disponível em: <http://www.seer.ufu.br/index.php/campoterritorio/article/view/19883/14380>. Acesso em: 6 jul. 2020.

FIGUEIREDO, V. C.; TURCI, S. R. B.; CAMACHO, L. A. B. Controle do tabaco no Brasil: avanços e desafios de uma política bem-sucedida. **Cadernos de Saúde Pública**, Rio de Janeiro, v. 33, 2017. Disponível em: <http://www.scielo.br/pdf/csp/v33s3/1678-4464-csp-33-s3-e00104917.pdf>. Acesso em: 6 jul. 2020.

FIOCRUZ – Fundação Oswaldo Cruz. **Linha do tempo**. Disponível em: <https://portal.fiocruz.br/linha-do-tempo>. Acesso em: 6 jul. 2020a.

FIOCRUZ – Fundação Oswaldo Cruz. PenseSUS. **Conferências de saúde**. Disponível em: <https://pensesus.fiocruz.br/conferencias-de-saude>. Acesso em: 6 jul. 2020b.

FIOCRUZ – Fundação Oswaldo Cruz. Portal PenseSUS. **Equidade**. Disponível em: <https://pensesus.fiocruz.br/equidade>. Acesso em: 6 jul. 2020c.

FOUCAULT, M. **Microfísica do poder**. 3. ed. Rio de Janeiro: Graal, 1982.

GODOI, H.; MELLO, A. L. S. F. de; CAETANO, J. C. Rede de atenção à saúde bucal: organização em municípios de grande porte de Santa Catarina, Brasil. **Cadernos de Saúde Pública**, Rio de Janeiro, v. 30, n. 2, p. 318-332, fev. 2014. Disponível em: <http://www.scielo.br/scielo.php?script=sci_arttext&pid=S0102-311X2014000200318&lng=pt&nrm=iso>. Acesso em: 6 jul. 2020.

GOMES, A. M. T.; OLIVEIRA, D. C. de; SÁ, C. P. de As representações sociais do Sistema Único de Saúde no município do Rio de Janeiro, Brasil, segundo a abordagem estrutural. **Revista Latino-Americana de Enfermagem**, Ribeirão Preto, v. 16, n. 1, 2008. Disponível em: <https://www.scielo.br/pdf/rlae/v16n1/pt_18>. Acesso em: 6 jul. 2020.

GONDIM, G. M. M. et al. **O território da saúde**: a organização do sistema de saúde e a territorialização. Disponível em: <http://www.escoladesaude.pr.gov.br/arquivos/File/TEXTOS_CURSO_VIGILANCIA/20.pdf>. Acesso em: 6 jul. 2020.

HAESBAERT, R.; LIMONAD, E. O território em tempos de globalização. **ETC – Espaço, Tempo e Crítica**, Rio de Janeiro, v. 1, n. 2, p. 39-52, ago. 2007.

LAVRAS, C. Atenção primária à saúde e a organização de redes regionais de atenção à saúde no Brasil. **Saúde e Sociedade**, São Paulo, v. 20, n. 4, p. 867-874, dez. 2011. Disponível em: <https://www.scielo.br/pdf/sausoc/v20n4/05.pdf>. Acesso em: 6 jul. 2020.

LEAVELL, H.; CLARK, G. **Medicina preventiva**. São Paulo: McGraw-Hill do Brasil, 1976.

LIMA, E. M. F. de A.; YASUI, S. Territórios e sentidos: espaço, cultura, subjetividade e cuidado na atenção psicossocial. **Saúde em Debate**, Rio de Janeiro, v. 38, n. 102, p. 593-606, set. 2014. Disponível em: <https://www.scielo.br/pdf/sdeb/v38n102/0103-1104-sdeb-38-102-0593.pdf>. Acesso em: 6 jul. 2020.

LOWENTHAL, R. **Saúde mental na infância**: proposta de capacitação para atenção primária. São Paulo: Mackenzie, 2013. (Saberes em Tese Collection, v. 2).

MALTA, D. C. **Buscando novas modelagens em saúde**: as contribuições do Projeto Vida e do acolhimento para a mudança do processo de trabalho na rede pública de Belo Horizonte, 1993-1996. 427 f. Tese (Doutorado em Saúde Coletiva) – Faculdade de Ciências Médicas da Universidade Estadual de Campinas, Campinas, 2001.

MALTA, D. C. et al. Mortalidade por doenças crônicas não transmissíveis no Brasil e suas regiões, 2000 a 2011. **Epidemiologia, Serviço e Saúde**, Brasília, v. 23, n. 4, p. 599-608, dez. 2014.

MALTA, D. C. et al. Política Nacional de Promoção da Saúde (PNPS): capítulos de uma caminhada ainda em construção. **Ciência & Saúde Coletiva**, Rio de Janeiro, v. 21, n. 6, p. 1.683-1.694, 2016. Disponível em: <http://dx.doi.org/10.1590/1413-81232015216.07572016>. Acesso em: 6 jul. 2020.

MALTA, D. C.; MERHY, E. E. O percurso da linha do cuidado sob a perspectiva das doenças crônicas não transmissíveis. **Interface: Comunicação, Saúde, Educação**, Botucatu, v. 14, n. 34, p. 593-606, jul./set. 2010.

MATTA, G. C.; MOROSINI, M. V. G. Atenção primária à saúde. In: PEREIRA, I. B.; LIMA, J. C. F. (Org.). **Dicionário da Educação Profissional em Saúde**. 2. ed. rev. e ampl. Rio de Janeiro: EPSJV, 2008. p. 44-50.

MENDES, E. V. 25 anos do Sistema Único de Saúde: resultados e desafios. **Estudos Avançados**, São Paulo, v. 27, n. 78, 2013. Disponível em: <http://www.scielo.br/scielo.php?script=sci_arttext&pid=S0103-40142013000200003>. Acesso em: 6 jul. 2020.

MENDES, E. V. A construção social da vigilância à saúde do Distrito Sanitário. In: MENDES, E. V. (Org.). **A vigilância à saúde no Distrito Sanitário**. Brasília: OPS, 1993. p. 7-19. (Série Desenvolvimento de Serviços de Saúde, n. 10). p. 7-19.

MENDES, E. V. As redes de atenção à saúde. **Ciência & Saúde Coletiva**, Rio de Janeiro, v. 15, n. 5, p. 2.297-2.305, ago. 2010.

MENDES, E. V. **As redes de atenção à saúde**. Brasília: Organização Pan-Americana da Saúde, 2011.

MENDES, E. V. **O cuidado das condições crônicas na atenção primária à saúde**: o imperativo da consolidação da estratégia da saúde da família. Brasília: Organização Pan-Americana da Saúde, 2012. Disponível em: <http://bvsms.saude.gov.br/bvs/publicacoes/cuidado_condicoes_atencao_primaria_saude.pdf>. Acesso em: 6 jul. 2020.

MONKEN, M.; BARCELLOS, C. Vigilância em saúde e território utilizado: possibilidades teóricas e metodológicas. **Cadernos de Saúde Pública**, Rio de Janeiro, v. 21, n. 3, p. 898-906, 2005.

MOURA, A. S.; ROCHA, R. L. **Endemias e epidemias**: dengue, leishmaniose, febre amarela, influenza, febre maculosa e leptospirose. Belo Horizonte: Nescon/UFMG, 2012.

NOGUEIRA, R. P. (Org.). **Determinação social da saúde e reforma sanitária**. Rio de Janeiro: Cebes, 2010a.

NOGUEIRA, R. P. A determinação objetal da doença. In: NOGUEIRA, R. P. (Org.). **Determinação social da saúde e reforma sanitária**. Rio de Janeiro: Cebes, 2010b. p. 135-150.

OLIVEIRA, A. C. L.; PINHEIRO, P. A. R. G. **Descasque mais e desembale menos**. Novo Guia Alimentar para a População Brasileira. Programa Escute o seu Coração, Curitiba. Disponível em: <https://www.curitiba.pr.gov.br/escuteseucoracao/noticias/descasque-mais-e-desembale-menos-novo-guia-alimentar-para-a-populacao-brasileira/45942>. Acesso em: 6 jul. 2020.

OMS – Organização Mundial da Saúde. **Constituição da Organização Mundial da Saúde (OMS/WHO) – 1946**. Nova York, 22 jul. 1946. Disponível em: <http://www.direitoshumanos.usp.br/index.php/OMS-Organiza%C3%A7%C3%A3o-Mundial-da-Sa%C3%BAde/constituicao-da-organizacao-mundial-da-saude-omswho.html>. Acesso em: 6 jul. 2020.

OMS – Organização Mundial da Saúde. **Declaração de Adelaide sobre a Saúde em Todas as Políticas**. Adelaide, 2010. Disponível em: <https://www.who.int/social_determinants/publications/isa/portuguese_adelaide_statement_for_web.pdf>. Acesso em: 6 jul. 2020.

OMS – Organização Mundial da Saúde. **Declaração de Alma-Ata sobre Cuidados Primários**. Alma-Ata, URSS, 12 set. 1978. Disponível em: <https://bvsms.saude.gov.br/bvs/publicacoes/declaracao_alma_ata.pdf>. Acesso em: 6 jul. 2020.

OMS – Organização Mundial da Saúde. **Declaração de Helsinki sobre a Saúde em Todas as Políticas**. Helsinki, 2013.

OMS – Organização Mundial da Saúde. **Relatório mundial sobre violência e saúde**. Genebra, 2002. Disponível em: <http://portaldeboaspraticas.iff.fiocruz.br/wp-content/uploads/2019/04/14142032-relatorio-mundial-sobre-violencia-e-saude.pdf>. Acesso em: 6 jul. 2020.

ONU – Organização das Nações Unidas. **Guia sobre desenvolvimento sustentável**: 17 objetivos para transformar o nosso mundo. 2018. Disponível em: <https://www.ine.pt/ngt_server/attachfileu.jsp?look_parentBoui=289432925&att_display=n&att_download=y>. Acesso em: 6 jul. 2020.

ONU – Organização das Nações Unidas. **Objetivo 3**: saúde de qualidade. Disponível em: <https://unric.org/pt/objetivo-3-saude-de-qualidade-2/>. Acesso em: 6 jul. 2020a.

ONU – Organização das Nações Unidas. **Objetivos de Desenvolvimento Sustentável**: 17 objetivos para transformar o mundo. Disponível em: <https://nacoesunidas.org/pos2015/>. Acesso em: 6 jul. 2020b.

OPAS – Organização Pan-Americana da Saúde; OMS – Organização Mundial de Saúde. **Plano de ação sobre saúde em todas as políticas**: relatório de progresso. 21 jul. 2017. Disponível em: <https://iris.paho.org/bitstream/handle/10665.2/34430/CSP29-INF-7-A-p.pdf?sequence=8&isAllowed=y> Acesso em: 6 jul. 2020.

OUVERNEY, A. M.; NORONHA, J. C. de. Modelos de organização e gestão da atenção à saúde: redes locais, regionais e nacionais. In: FUNDAÇÃO OSWALDO CRUZ. **A saúde no Brasil em 2030**: prospecção estratégica do sistema de saúde brasileiro – organização e gestão do sistema de saúde. Rio de Janeiro: Fiocruz, 2013. p. 143-182. v. 3. Disponível em: <https://static.scielo.org/scielobooks/98kjw/pdf/noronha-9788581100173.pdf>. Acesso em: 6 jul. 2020.

PAIM, J. et al. O sistema de saúde brasileiro: história, avanços e desafios. **The Lancet**, 9 maio 2011. Disponível em: <http://bvsms.saude.gov.br/bvs/artigos/artigo_saude_brasil_1.pdf>. Acesso em: 6 jul. 2020.

PAIM, J. S. **O que é o SUS**. Rio de Janeiro: Fiocruz, 2009.

PARANÁ. Secretaria de Estado da Saúde. Superintendência de Atenção à Saúde. **Linha guia rede de saúde bucal**. Curitiba, 2016.

PAULUS JÚNIOR, A.; CORDONI JÚNIOR, L. Políticas públicas de saúde no Brasil = Public Health Policies in Brazil. **Revista Espaço para a Saúde**, Londrina, v. 8, n. 1, p. 13-19, dez. 2006.

PEREIRA, M. P. B.; BARCELLOS, C. O território no Programa de Saúde da Família. **Hygeia**, Uberlândia, v. 2, n. 2, p. 47-55, jun. 2006.

PNUD – Programa das Nações Unidas para o Desenvolvimento. **Transformando nosso mundo**: a Agenda 2030 para o Desenvolvimento Sustentável. Disponível em: <https://www.undp.org/content/dam/brazil/docs/agenda2030/undp-br-Agenda 2030-completo-pt-br-2016.pdf>. Acesso em: 6 jul. 2020.

PRIMEIRA CONFERÊNCIA INTERNACIONAL SOBRE PROMOÇÃO DA SAÚDE. **Carta de Ottawa**. Ottawa, nov. 1986. Disponível em: <http://bvsms.saude.gov.br/bvs/publicacoes/carta_ottawa.pdf>. Acesso em: 6 jul. 2020.

PROGRAMA SAÚDE DA FAMÍLIA. **Revista de Saúde Pública**, São Paulo, v. 34, n. 3, p. 316-319, jun. 2000. Disponível em: <https://www.scielo.br/pdf/rsp/v34n3/2237.pdf>. Acesso em: 6 jul. 2020.

PUTTINI, R. F.; PEREIRA JUNIOR, A.; OLIVEIRA, L. R. de. Modelos explicativos em saúde coletiva: abordagem biopsicossocial e auto-organização. **Physis**, Rio de Janeiro, v. 20, n. 3, p. 753-767, 2010. Disponível em: <https://www.scielo.br/pdf/physis/v20n3/v20n3a04.pdf>. Acesso em: 6 jul. 2020.

RAFFESTIN, C. **Por uma geografia do poder**. São Paulo: Ática, 1993.

REIS, D. O.; ARAÚJO, E. C. de; CECÍLIO, L. C. de O. **Políticas públicas de saúde no Brasil**: SUS e pactos pela saúde. 2011. Disponível em: <https://www.unasus.unifesp.br/biblioteca_virtual/esf/1/modulo_politico_gestor/Unidade_4.pdf>. Acesso em: 6 jul. 2020.

ROCHA, P. R. da; DAVID, H. M. S. L. Determinação ou determinantes? Uma discussão com base na Teoria da Produção Social da Saúde. **Revista da Escola de Enfermagem da USP**, São Paulo, v. 49, n. 1, p. 129-135, 2015.

ROUQUAYROL, M. Z.; SILVA, M. G. C. da. **Epidemiologia & saúde**. 7. ed. Rio de Janeiro: MedBook, 2013.

SACK, R. Human Territoriality: a Theory. **Annals of the Association of American Geographers**, v. 73, n. 1, 1983. p. 55-74.

SANTOS, M. **A natureza do espaço**: técnica e tempo, razão e emoção. São Paulo: Hucitec, 1996.

SANTOS, M. **O país distorcido**: o Brasil, a globalização e a cidadania. São Paulo: Publifolha, 2002.

SANTOS, M.; SILVEIRA, M. L. **O Brasil**: território e sociedade no início do século XXI. Rio de Janeiro: Record, 2001.

SAQUET, M. A. Por uma abordagem territorial. In: SAQUET, M. A.; SPOSITO, E. S. (Org.). **Território e territorialidade**: teorias, processos e conflitos. 2. ed. Rio de Janeiro: Consequência, 2015. p. 69-90.

SAQUET, M. A.; SILVA, S. S. da. Milton Santos: concepções de geografia, espaço e território. **Geo UERJ**, Rio de Janeiro, ano 10, v. 2, n. 18, p. 24-42, 2008. Disponível em: <https://www.e-publicacoes.uerj.br/index.php/geouerj/article/view/1389/1179>. Acesso em: 6 jul. 2020.

SILVA JUNIOR, A. G.; ALVES, C. A. Modelos assistenciais em saúde: desafios e perspectivas. In: MOROSINI, V. G. C.; CORBO, A. D. A. (Org.). **Modelos de atenção e a saúde da família**. Rio de Janeiro: EPSJV/Fiocruz, 2007. p. 27-41.

SOUZA, M. A. Uso do território e saúde: refletindo sobre "municípios saudáveis". In: SPERANDIO, A. M. G. (Org.). **O processo de construção da rede de municípios potencialmente saudáveis**. Campinas: Ipes, 2004. v. 2. p. 127-159.

STARFIELD, B. **Atenção primária**: equilíbrio entre necessidades de saúde, serviços e tecnologia. Brasília: Unesco/Ministério da Saúde, 2002.

TANCREDI, F. B.; BARRIOS, S. R. L.; FERREIRA, J. H. G. **Planejamento em saúde**. São Paulo: Faculdade de Saúde Pública da Universidade de São Paulo, 1998. (Série Saúde & Cidadania, v. 2).

TEIXEIRA, C. F. Planejamento e programação situacional em Distritos Sanitários: metodologia e organização. In: MENDES, E. V. (Org.). **Distrito Sanitário**: o processo social de mudança das práticas sanitárias do Sistema Único de Saúde. São Paulo: Hucitec; Rio de Janeiro: Abrasco, 1993. p. 237-265.

TEIXEIRA, C. F.; PAIM, J. S.; VILASBÔAS, A. L. SUS: modelos assistenciais e vigilância da saúde. **Informe Epidemiológico do SUS (Iesus)**, Brasília, v. 7, n. 2, p. 8-28, abr./jun. 1998.V

IGILÂNCIA EM SAÚDE. In: **Dicionário da educação profissional em saúde**. Disponível em: <http://www.sites.epsjv.fiocruz.br/dicionario/verbetes/vigsau.html>. Acesso em: 6 jul. 2020.

VILASBÔAS, A. L. Q. **Planejamento e programação das ações de vigilância da saúde no nível local do Sistema Único de Saúde**. Rio de Janeiro: Fiocruz, 2004.

WHO – World Health Organization. **A Conceptual Framework for Action on Social Determinants of Health**. Geneva, 2007.

WHO – World Health Organization. **7th Global Conference on Health Promotion**. Disponível em: <http://www.who.int/healthpromotion/conferences/7gchp/en/>. Acesso em: 6 jul. 2020.

WHO – World Health Organization. **The 8th Global Conference on Health Promotion, Helsinki, Finland, 10-14 June 2013**. June 2013. Disponível em: <http://www.who.int/healthpromotion/conferences/8gchp/statement_2013/en/index1.html>. Acesso em: 6 jul. 2020.

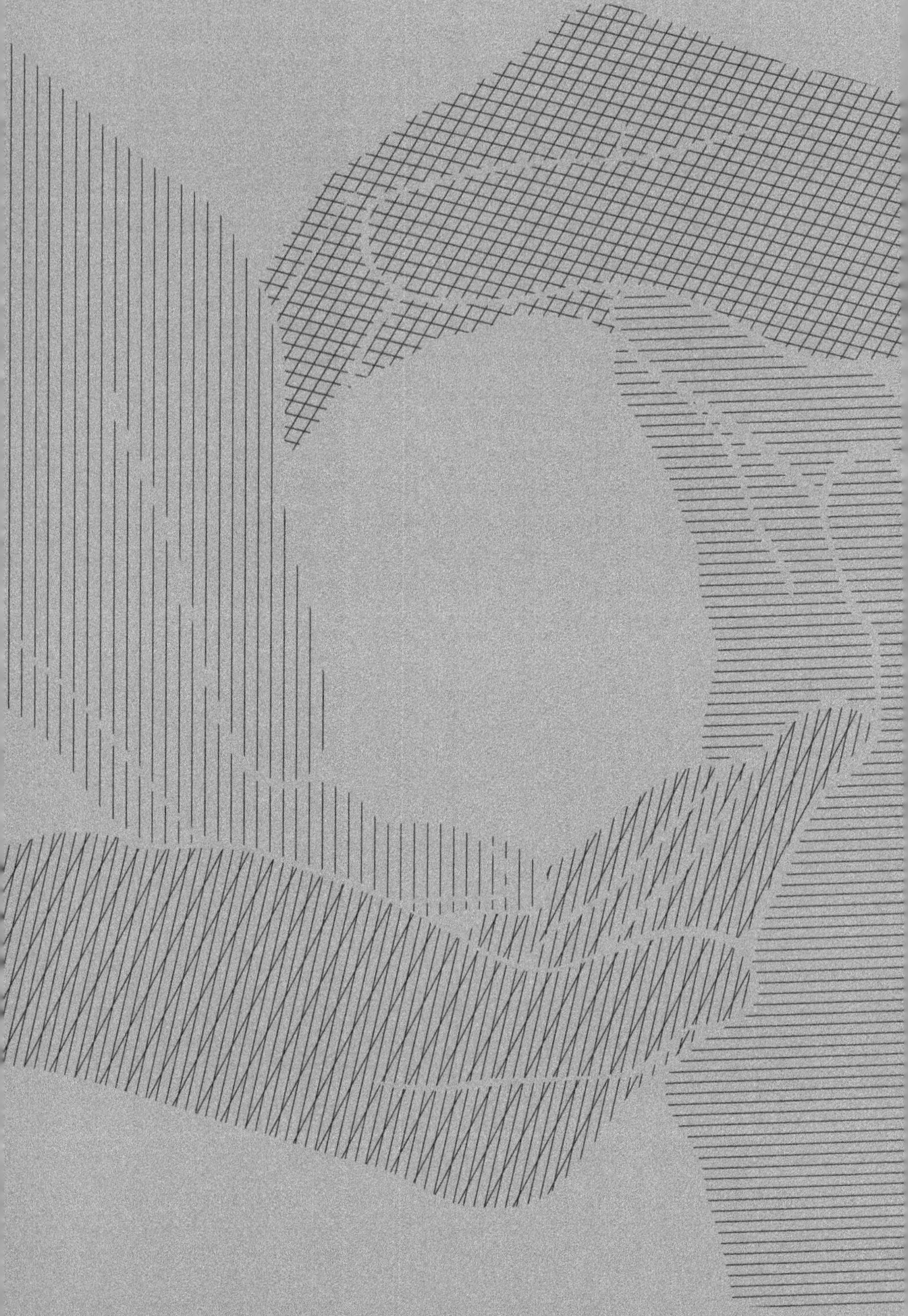

Respostas

Capítulo 1

Questões para revisão

1. Os três grandes referenciais para a reforma sanitária brasileira foram:
   - saúde como "resultante das condições de alimentação, habitação, educação, renda, meio ambiente, trabalho, transporte, emprego, lazer, liberdade, acesso e posse da terra e acesso a serviços de saúde" (Brasil, 1986, p. 4);
   - saúde como direito do cidadão e dever do Estado;
   - instituição de um sistema único de saúde, organizado pelos princípios da universalidade, da integralidade, da descentralização e da participação da comunidade.

2. Serviços de vigilância sanitária de alimentos e de medicamentos, de vigilância epidemiológica, de sangue, de transplantes de órgãos etc.

3. c

4. c

5. a

Questões para reflexão

1. Analise as doenças que existiam na época e a forma como os serviços de saúde eram organizados e compare com os dias atuais.

2. Leia novamente como acontecia a assistência à saúde da população nas décadas de 1970 e 1980. Com o conhecimento que você tem sobre as necessidades da população com relação aos serviços de saúde atualmente, reflita como seria a resposta do serviço à demanda da população e como isso impactaria a vida da população.

3. Procure saber se o(a) entrevistado(a) tinha direito à assistência promovida pelo Instituto Nacional de Assistência Médica da Previdência Social (Inamps), a fim de descobrir como era o acesso à saúde da população nas décadas de 1970 e 1980, antes da implementação do Sistema Único de Saúde (SUS). Depois, compare o relato com o que foi apresentado no capítulo.

Capítulo 2

Questões para revisão

1. Há 17 Objetivos de Desenvolvimento Sustentável (ODS). Para efetivá-los, é importante correlacioná-los à Determinação Social da Saúde (DSS). Por exemplo, o Objetivo 1 (acabar com a pobreza em todas as suas formas, em todos os lugares), levando-se em consideração o modelo DSS, refere-se à forma como as condições de acesso à alimentação impactam a ocorrência ou o agravamento de doença, estando presente nos macros determinantes. Agora, relacione os demais objetivos com os elementos do modelo explicativo do processo saúde-doença da DSS para visualizar suas correlações.

2. A história natural da doença possibilitou a descrição da linha de agravamento da doença desde antes dos sinais e sintomas até a morte ou dano permanente.

3. c

4. a

5. a

Questões para reflexão

1. Releia sobre a evolução dos modelos explicativos e perceba que o conhecimento científico sempre está em evolução. Em virtude do constante surgimento de novas doenças, os modelos explicativos do processo saúde-doença mostram um caminho de raciocínio para implementar medidas para promoção, prevenção e recuperação da saúde.

2. Releia os Objetivos de Desenvolvimento Sustentável (ODS), bem como o modelo explicativo do processo saúde-doença, e analise as necessidades de sua comunidade.

Capítulo 3

Questões para revisão

1. As referidas condições foram incluídas no relatório final no da VIII Conferência Nacional de Saúde: "condições de alimentação, habitação, educação, renda, meio ambiente, trabalho, transporte, emprego, lazer, liberdade, acesso e posse da terra e acesso a serviços de saúde" (Brasil, 1986, p. 4).

2. O atendimento diferenciado está fundamentado no princípio de equidade, que apresenta relação direta com os conceitos de igualdade e justiça. De acordo com esse princípio, embora todos tenham direito à saúde, as pessoas apresentam necessidades distintas, cabendo ao SUS garantir mais assistência a quem se encontra em situação de maior vulnerabilidade.

3. b

4. b

5. a

Questões para reflexão

1. Revise o capítulo no que diz respeito à formação de tais conselhos e conferências, previstos na legislação, e reflita se, em seu cotidiano, você percebe outras formas de participação.

2. Ao refletir sobre sua importância, pense em um exemplo de equidade no Sistema Único de Saúde (SUS).

Capítulo 4

Questões para revisão

1.

Território	Território-solo: área administrativa. Território-processo: construído historicamente em locais onde forças interagem.
Territorialidade	São as modificações sociais, estruturais e econômicas realizadas nos territórios.
Territorialização	Processo de apropriação do território-processo.

2. Durante uma pandemia, a vigilância em saúde atua mediante diversos componentes, cada um detendo um papel específico. Esses componentes devem atuar no acompanhamento dos casos, na vigilância dos serviços e produtos, na garantia da saúde do trabalhador, na vigilância dos impactos ambientais e na garantia da saúde humana.

3. b

4. d

5. d

Questões para reflexão

1. Reveja o papel de cada esfera governamental. A base do conhecimento epidemiológico depende da coleta de dados epidemiológicos.

2. Releia sobre o processo de integração tardia da vigilância ambiental na vigilância em saúde e sobre suas responsabilidades no SUS. Muitas delas dependem da regulamentação da política de meio ambiente, a fim de possibilitar a atuação conjunta em um mesmo território.

Capítulo 5

Questões para revisão

1. Para organizar as regiões de saúde, deve-se mapear as diversas necessidades de atenção e as caraterísticas de cada serviço para atender a essas necessidades, de modo a garantir a atenção integral – que vai desde a promoção da saúde, realizada prioritariamente na atenção básica, até a recuperação da saúde com serviços de alta complexidade (internamento, procedimentos cirúrgicos, quimioterapia, entre outros).

2. Primeiramente, a Rede de Atenção à Saúde da Mulher deve garantir a atenção básica. Dessa forma, será possível mapear as demais necessidades de atenção para o planejamento familiar, o pré-natal, o parto, o puerpério e a atenção à criança até os 5 anos. Podemos citar como exemplos os pontos de apoio diagnóstico, as consultas especializadas, os serviços de média e de alta complexidade, os serviços de urgência e emergência e os serviços referentes à maternidade.

3. c
4. d
5. a

Questões para reflexão

1. A atenção básica está mais próxima da população, direcionando e coordenando os demais pontos da rede.
2. Reveja o papel da atenção básica no sistema de saúde e sua abrangência.

Capítulo 6

Questões para revisão

1. A promoção da saúde não é exclusiva do setor da saúde, e exige o envolvimento de outros setores governamentais e não governamentais, incluindo o setor privado e a sociedade civil.
2. São exemplos: alimentação inadequada, tabagismo e uso abusivo de álcool e de outras drogas.
3. c
4. d
5. a

Questões para reflexão

1. Para esta reflexão, é importante compreender bem o conceito de determinantes sociais da saúde. Aproveite para rever o conteúdo no texto.
2. A partir do que foi apresentado no texto, pense em alguns desafios para que a população tenha uma saúde melhor e em estratégias para enfrentá-los.
3. Para elaborar sua resposta, considere que a prevenção visa determinado objetivo (prevenir uma doença específica, por exemplo), ao passo que a promoção é bem mais abrangente.

Sobre as autoras

Ivana Maria Saes Busato é doutora em odontologia (com ênfase em Estomatologia), mestra em odontologia (com ênfase em Saúde Coletiva) e graduada em Odontologia pela Pontifícia Universidade Católica do Paraná (PUCPR). Atualmente é coordenadora dos cursos de Tecnologia em Gestão de Saúde Pública e Gestão Hospitalar do Centro Universitário Internacional Uninter e membro do Comitê de Ética em Pesquisa e do Conselho de Pesquisa. É aposentada pela Prefeitura Municipal de Curitiba, onde atuou por 32 anos na saúde pública, com experiência na área de gestão em saúde.

Raquel Ferraro Cubas é mestra em Gestão de Tecnologia e Inovação em Saúde pelo Hospital Sírio-Libanês; especialista em Estratégias de Saúde da Família pela Faculdade Anchieta de Ensino Superior do Paraná; especialista em Saúde Coletiva pela Pontifícia Universidade Católica do Paraná (PUCPR);

especialista em Gestão da Clínica nas Redes Metropolitanas pelo Hospital Sírio-Libanês; especialista em Gestão de Serviços de Saúde pela Faculdade Evangélica do Paraná; e graduada em Odontologia pela Universidade Federal do Paraná (UFPR). Atualmente, é cirurgiã-dentista na Prefeitura Municipal de Curitiba e docente do curso de Medicina das Faculdades Pequeno Príncipe. Tem experiência nas áreas de saúde pública e gestão pública.

Os papéis utilizados neste livro, certificados por instituições ambientais competentes, são recicláveis, provenientes de fontes renováveis e, portanto, um meio responsável e natural de informação e conhecimento.

FSC
www.fsc.org
MISTO
Papel | Apoiando o manejo florestal responsável
FSC® C103535

Impressão: Reproset